Steffen Haase

Der Verwaltungsbeirat in der Praxis

3. Auflage

Der Verwaltungsbeirat in der Praxis

Ein Ratgeber für Wohnungseigentümer und Verwalter: Aufgaben, Funktion, Haftung, Pflichten und Rechte des Verwaltungsbeirates im Überblick

3. Auflage

Grabener Verlag

Bibliografische Information der Deutschen Bibliothek
Die Deutsche Bibliothek verzeichnet diese Publikation in der Deutschen Nationalbibliografie; detaillierte bibliografische Daten sind im Internet über http://dnb.ddb.de abrufbar.

Grabener Verlag · Inh. Henning J. Grabener e. K.
Niemannsweg 8 · 24105 Kiel
Internet: www.grabener-verlag.de
E-Mail: info@grabener-verlag.de
Telefon: 0431 - 560 1 560 · Fax: 0431 - 560 1 580

Fotos / Umschlaggestaltung: Grabener Verlag
Satz: Petra Matzen

3. Auflage 2007

ISBN 978-3-925573-27-9

I. Vorwort

§ 20 Abs. 1 WEG eröffnet den Wohnungseigentümern die Möglichkeit, neben der Wohnungseigentümerversammlung und dem Verwalter als drittes fakultatives Organ einen Verwaltungsbeirat zu wählen. Der Verwaltungsbeirat soll als Mittler zwischen Verwalter und Wohnungseigentümergemeinschaft fungieren und die Beteiligung der Wohnungseigentümer an der Verwaltung außerhalb der Wohnungseigentümerversammlung sichern. Er ist Adressat von Wünschen, Anregungen – so noch ausdrücklich der 1. Entwurf des WEG – und Beschwerden der Wohnungseigentümer; gelingt es ihm, Konflikte frühzeitig zu erkennen und zu schlichten, so kann er wesentlich zum inneren Frieden der Wohnungseigentümergemeinschaft beitragen. Die Institution eines Verwaltungsbeirates hat sich in der Praxis durchgesetzt und bewährt. Insbesondere in größeren Eigentümergemeinschaften ist er nahezu unverzichtbar, um eine Abstimmung zwischen Verwaltung und Eigentümern und somit eine ordnungsmäßige Verwaltung zu gewährleisten.

Im Gegensatz zur großen praktischen Bedeutung des Verwaltungsbeirats steht die nur marginale Regelung, welche er im WEG erfahren hat. § 29 WEG regelt nur in Ansätzen seine Funktion sowie in Umrissen seine Aufgaben und Befugnisse. Auch in der Literatur hat der Verwaltungsbeirat – anders als andere Organe der Eigentümergemeinschaft – lange Zeit keine eingehende Behandlung erfahren. Zwar liegen Untersuchungen vor, die sich seiner Dogmatik im Recht der Personenverbände widmen, den Bedürfnissen der Praxis genügen solche – fraglos verdienstvollen – Abhandlungen jedoch nicht.
Hier ist die schnelle Information gefragt, auf welche Verwalter, Verwaltungsbeiräte und Wohnungseigentümer in ihrer täglichen Arbeit zugreifen können. Diese Lücke schließt das vorliegende Buch. In der Art und Weise der Problembehandlung ist unverkennbar, dass es von einem versierten Praktiker als Hilfestellung bei der Lösung von in der täglichen Arbeit auftretender Fragen geschrieben wurde: Wie soll die Wahl des Verwaltungsbeirates ablaufen? Welche Aufgaben und Befugnisse hat er im Verhältnis zum Verwalter einerseits, den Eigentümern andererseits? Welche Prüfungspflichten obliegen ihm im Rahmen der Rechnungsprüfung und welche Unterlagen hat er zu sichten?
Bei der Beantwortung dieser und anderer Fragen hilft das vorliegende Buch, dem deshalb viele Leser zu wünschen sind.

Ihr Prof. Dr. Wolf-Rüdiger Bub

Inhalt:

II. Einleitung

Verwaltungsbeiräte arbeiten ehrenamtlich, sind „einfache Miteigentümer“ und kommen häufig überraschend wie Vereinsvorstände an ihr Amt. Einmal gewählt stellt sich die Frage, was nun? Welche Aufgaben, Rechte und Pflichten habe ich? Was muss ich tun? Da ich ehrenamtlich, weil ohne Lohn, arbeite, werde ich doch nicht haften müssen?
All diese Fragen soll das Buch beantworten.
Ich arbeite in meiner täglichen, praktischen Tätigkeit als Immobilienverwalter sehr viel mit Verwaltungsbeiräten zusammen, habe ihre Probleme kennen gelernt – und einen enormen Wissensbedarf festgestellt. So habe ich angefangen, Seminare für Verwaltungsbeiräte durchzuführen. Anfänglich war ich skeptisch, ob da jemand kommt. Aber als die ersten beiden Seminare mit jeweils über 80 Beiräten vorbei waren stand fest: Die Resonanz ist groß und das Interesse ebenfalls. Ich wurde nach einem Skript der Seminare gefragt, und Beiräte, die verhindert waren, fragten ebenfalls nach schriftlichen Seminarunterlagen. Da sich „meine“ Beiräte wohl nicht von anderen Beiräten unterscheiden, habe ich mir gesagt, statt eines kurzen Skriptes, schreibe ich gleich etwas richtiges. So entstand dieses Buch.
Aus der Praxis für die Praxis. Dies ist mir besonders wichtig. Das Buch soll bewusst keine juristische Abhandlung für Rechtsanwälte, Richter oder Wissenschaftler sein. Es soll dem Verwaltungsbeirat aber auch dem Verwalter als Praxishandbuch dienen und eine leicht verständliche Hilfe in der täglichen Arbeit bieten.
Das Wohnungseigentumsgesetz beschäftigt sich mit dem Verwaltungsbeirat nur sehr spärlich. Ein Paragraph ist dem Verwaltungsbeirat gewidmet, in anderen wird er lediglich erwähnt. Nicht sonderlich viele Vorschriften, wenn man seine Bedeutung in der Praxis betrachtet.
Auch Literatur und Rechtsprechung haben sich lange nicht mit dem Verwaltungsbeirat beschäftigt. Doch seit Beginn der 90-er Jahre hat sich dies geändert. Daher wird die Kommunikation zwischen Verwaltungsbeirat und Verwalter immer wichtiger. Vielleicht kann diese Broschüre ihren Teil dazu beitragen. Anregungen oder Ergänzungen zu meinen Ausführungen nehme ich gerne auf und freue mich wenn ein Dialog entsteht.
Besonders gefreut habe ich mich über die Reaktionen auf die 1. und 2. Auflage. Nicht nur darüber, dass die ersten beiden Auflagen innerhalb kurzer Zeit verkauft waren, sondern auch darüber, dass einige Leser mit mir Kontakt aufgenommen haben. So wird das Buch in der 3. Auflage durch einige Anregungen bereichert. Ich hoffe, dass Ihnen auch diese Ausgabe ein wertvoller Ratgeber in der Praxis wird und Ihnen bei der Ausübung des Beiratsamtes hilft. In dieser Auflage ist die Reform des Wohnungseigentumsgesetzes auch schon berücksichtigt. Gesetzliche Änderungen sind eingearbeitet. Sofern nichts darauf hinweist, sind die Paragrafen aus dem Gesetz in seiner neuesten Fassung.
Danken möchte ich besonders Herrn Dipl.-Ing. Rainer Eger aus Königsbrunn bei Augsburg für seine Anregungen im Bereich Instandsetzungsplanung.

Ihr Steffen Haase

III. Der Verwaltungsbeirat nach dem WEG

1. Der Verwaltungsbeirat als drittes Verwaltungsorgan der Wohnungseigentümergemeinschaft

Der Verwaltungsbeirat ist das dritte Verwaltungsorgan der Wohnungseigentümergemeinschaft neben dem Verwalter und der Eigentümerversammlung. Im dritten Abschnitt des Wohnungseigentumsgesetzes (WEG) ist in den §§ 20 bis 29 WEG die Verwaltung der Eigentümergemeinschaft geregelt.
Das höchste Organ der Wohnungseigentümergemeinschaft ist die Eigentümerversammlung gemäß §§ 23 ff. WEG. In ihren Beschlüssen äußert sich der Wille der Eigentümer. Die Beschlüsse sind vom Verwalter auszuführen und zu beachten, vom Verwaltungsbeirat zu beachten. Durch Verwalter und Verwaltungsbeirat ist die Beschlussfassung in der Eigentümerversammlung vorzubereiten.
Hieraus wird schon eine gewisse Rangordnung deutlich. Auf der Eigentümerversammlung werden ebenfalls Verwalter und Verwaltungsbeirat gewählt oder wieder abberufen. Dies verdeutlicht die Hierarchie. Dem obersten Organ der Eigentümerversammlung gegenüber besteht eine Berichtspflicht von Verwalter und Beirat. Die Eigentümerversammlung ist das Entscheidungsorgan für alle grundsätzlichen und wichtigen Fragen. Hier werden die wesentlichen Entscheidungen getroffen und diese können nicht auf andere Organe z.B. Verwalter oder Beirat verlagert werden.
Das handelnde Organ für die Wohnungseigentümergemeinschaft ist der Verwalter gemäß den §§ 26 ff. WEG. Er ist mit dem Geschäftsführer in der GmbH oder dem Vereinsgeschäftsführer vergleichbar. Für die nun teilrechtsfähige Eigentümergemeinschaft ist er Organ, sofern er die Eigentümergemeinschaft im Rahmen ihrer Teilrechtsfähigkeit vertritt. Er ist an die Beschlüsse der Eigentümergemeinschaft gebunden und führt diese aus. Er handelt, entscheidet und muss sein Tun letztendlich vor der Eigentümerversammlung rechtfertigen.
Den Verwalter berät und unterstützt der Verwaltungsbeirat. Der § 29 WEG weist dem Verwaltungsbeirat eine unterstützende Funktion und die Abgabe von Stellungnahmen zu. Der Verwaltungsbeirat ist kein handelndes Organ, er hat keine Befugnis, die Eigentümergemeinschaft nach außen zu vertreten. Diese Aufgabe obliegt alleine dem Verwalter. Auch ist er dem Verwalter gegenüber nicht weisungsberechtigt.
Doch muss dieses beratende Gremium überhaupt installiert werden? Oder ist es vielleicht nur fakultativ? Kommt eine Eigentümergemeinschaft auch ohne einen Verwaltungsbeirat aus? Sicher nicht, werden Sie nach der Lektüre dieser Broschüre sagen. Doch das Gesetz ist hier anderer Auffassung.
Während der Verwalter gemäß § 20 Abs. 2 WEG ein notwendiges Organ der Wohnungseigentümergemeinschaft ist, steht es den Wohnungseigentümern frei, ob sie durch Mehrheitsbeschluss einen Verwaltungsbeirat bestellen wollen. Häufig ist die Entscheidungsfrage jedoch den Eigentümern schon abgenommen worden. In der Gemeinschaftsordnung kann eine Regelung getroffen sein, die die Bestellung eines Verwaltungsbeirates verbindlich vorsieht. Eine in der Gemeinschaftsordnung getroffene Regelung geht der gesetzlichen Regelung in diesem Fall vor.
Die Bestellung kann aber auch durch Vereinbarung in der Gemeinschaftsordnung aus-

geschlossen werden. Mir ist jedoch aus der Praxis kein derartiger Fall bekannt. Ebenso kann eine Bestellung eines Verwaltungsbeirates nicht erzwungen werden (Bub, ZWE 2001, 355, 357 ff). Im Gesetz heißt es in Absatz 1: „Die Wohnungseigentümer können durch Stimmenmehrheit ...". Es kann also nach dem WEG ein Beirat bestellt werden. Das „kann" ist eine Option, kein „muss".
Nimmt man den Satz 1 wörtlich, hätte die Bestellung / Wahl eines Verwaltungsbeirates zwei Beschlüsse zur Folge. Der erste Beschluss hätte den Beschlussgegenstand: Ja, wir wollen einen Verwaltungsbeirat wählen. Und mit dem zweiten Beschluss würden dann konkret Beiräte gewählt. Auch dies kommt in der Praxis selten vor.
In der Regel werden Beiräte ohne den eben beschriebenen ersten Beschluss gewählt. In dem Wahlbeschluss wird dann zugleich, logischerweise, das Ja zu einem Beirat gesehen. (BayObLG NZM 1999, 857) Wollte man keinen Beirat – würde man ihn ja nicht wählen. Dies dürfte in der Rechtsprechung auch völlig unstrittig sein.

2. Zusammensetzung und Zahl der Verwaltungsbeiratsmitglieder

a) Wer ist wählbar

Der § 29 Absatz 1 WEG spricht von Wohnungseigentümern, die als Verwaltungsbeirat wählbar sind. Wählbar ist demnach nur der im Grundbuch eingetragene Wohnungseigentümer. Hierauf ist vom Verwalter oder dem Versammlungsleiter der Eigentümerversammlung besonders zu achten.
Ist ein Verwaltungsbeirat gewählt, der nicht Wohnungseigentümer ist, so ist der Beschluss binnen Monatsfrist anfechtbar und wird wohl durch das zuständige Gericht aufgehoben werden.

Ausflug in die Verwalterhaftung
Durch ein Beschlussanfechtungsverfahren entstehen Gerichtskosten und außergerichtliche Kosten (Rechtsanwaltsgebühren). Wenn ein Verwalter die Eigentümerstellung bei der Beiratswahl nicht überprüft und die Eigentümer im Protokoll auf die Problematik und eine mögliche Beschlussanfechtung nicht hinweist, so kann er für die Kosten des Verfahrens in die Haftung genommen werden.
War bisher das WEG-Beschlussanfechtungsverfahren ein Verfahren der freiwilligen Gerichtsbarkeit, so ist es im Rahmen der WEG-Reform nun in die Zivilprozessordnung überstellt worden. Hiermit ist ein deutlich höheres Kostenrisiko verbunden. Die Regelkostenentscheidung im Verfahren der freiwilligen Gerichtsbarkeit war, dass jede Seite ihre außergerichtlichen Kosten selber trägt. So ist die Kostenentscheidung im einem Verfahren nach der Zivilprozessordnung, dass die unterlegene Partei die Kosten beider Seiten trägt. Dies verdoppelt nun das Prozesskostenrisiko.
Bei den zu wählenden Personen sollte meines Erachtens darauf geachtet werden, dass nach Möglichkeit technischer, kaufmännischer und juristischer Sachverstand vertreten ist. Doch was ist, wenn dies in der Eigentümergemeinschaft nicht möglich ist?

Ein paar Praxisfälle

▸ Gerade bei den Berufsgruppen der Anwälte und Architekten (Freiberufler) kommt es aus haftungsrechtlichen Gründen oft dazu, dass das Vermögen im Namen der Ehefrau gekauft wird. In einem solchen Fall ist dann die Ehefrau als alleinige Eigentümerin eingetragen. Der Ehemann als Nichteigentümer, hier unser Anwalt oder Architekt, kann daher nicht als Verwaltungsbeirat gewählt werden. Er ist nicht als Eigentümer im Grundbuch eingetragen.

▸ Der Eigentümer überträgt das Eigentum an seine Kinder und bleibt mit einem Nießbrauch im Grundbuch eingetragen. Er verliert dadurch seine Eigentümerstellung im Grundbuch und kann daher nicht als Verwaltungsbeirat gewählt werden. Findet die Übertragung während seiner Beiratszeit statt, verliert er übrigens sein Amt.

▸ Es wird ein Zwangsverwalter für eine Eigentumswohnung bestellt. Zwangsverwalter sind i.d.R. Rechtsanwälte. Bei der Bestellung eines Zwangsverwalters bleibt der Eigentümer weiter im Grundbuch als Eigentümer eingetragen. Der Zwangsverwalter ist nur Sachverwalter / Treuhänder. Da er keine Eigentümerstellung im Grundbuch hat, kann er nicht Verwaltungsbeirat werden.

▸ Es gibt Eigentümergemeinschaften, die komplexe Abrechnungskreise nutzen. Daher wollen die Eigentümer einen Steuerberater oder Wirtschaftsprüfer mit Rechnungsprüfung als Verwaltungsbeirat beauftragen. Er ist kein Eigentümer und kann daher ebenfalls nicht als Verwaltungsbeirat bestellt werden.

Es kommt hier immer, wie sie sicher schon bemerkt haben, auf die grundbuchliche Stellung an. Der Eigentümer ist im Grundbuch in der ersten Abteilung eingetragen. Der Nießbrauchberechtigte z.B. in der zweiten Abteilung. Es kann also nur als Verwaltungsbeirat gewählt werden, wer im Grundbuch in der ersten Abteilung als Eigentümer eingetragen ist.

Praxistipp

Anstelle des Verwaltungsbeirates oder auch zusätzlich zum Verwaltungsbeirat können die Wohnungseigentümer auch andere Kontrollorgane schaffen, z.B. einen Kassen- oder Rechnungsprüfer (BayOLG WuM 1994, 45 = NJW-RR 1994, 338).
In unseren obigen Fallgruppen wählen wir also, um den Sachverstand der Personen nutzen zu können, den Rechtsanwalt, Architekt, Steuerberater oder Nießbrauchberechtigten als Rechnungsprüfer. Hiergegen sind keine Einwendungen zu erheben. Hier sind wir auch nicht an die Eigentümerstellung gebunden.
Auf eine sich hieraus ergebende Problematik wird im Kapitel „Sonderaufgaben des Verwaltungsbeirates / Der Sanierungsbeirat“ eingegangen.

Auch folgende Konstellation gibt es in der Praxis

Der Wohnungseigentümer ist keine natürliche, sondern eine juristische Person. Eine Wohnungsbau / Bauträger GmbH besitzt z.B. eine Eigentumswohnung. Die Wohnungsbau / Bauträger GmbH wird vertreten durch den Geschäftsführer oder einen Prokuristen. Können Geschäftsführer und Prokurist nun Beirat werden? Wir prüfen hier wieder die

grundbuchliche Eigentümerstellung. Eingetragen ist die GmbH und nicht der Geschäftsführer oder Prokurist. Diese beiden Personen können unabhängig von einer Veränderung im Grundbuch wechseln – aus der GmbH ausscheiden. Sie können daher m.E. auch nicht Verwaltungsbeirat werden, da sie nicht Eigentümer sind (Bub, ZWE 2002 7, 10). Bei Personengesellschaften ist dies anders, da diese durch natürliche Personen handeln. Dies betrifft hier den Kreis der persönlich haftendenden Gesellschafter. Sie sind keine außenstehenden Personen im Sinne des § 29 WEG.
Neben den gesetzlichen Anforderungen ist es aber auch wichtig, die Regelungen der Gemeinschaftsordnung zu beachten. Hier können durchaus Regelungen enthalten sein, die es einem Außenstehenden erlauben können, Mitglied des Verwaltungsbeirates der Wohnanlage zu sein.
Der Verwalter kann, auch wenn er gleichzeitig Wohnungseigentümern ist, nicht Beirat sein. Diese Konstellation birgt in sich einen Interessenkonflikt: Der Handelnde wird von sich selber überprüft. Nach allgemeiner und unbestrittener Auffassung ist ein derartiger Beschluss nichtig.

b) Wie viele Mitglieder hat der Verwaltungsbeirat?

Der Wortlaut des Gesetzes sagt Folgendes: „Der Verwaltungsbeirat besteht aus einem Wohnungseigentümer als Vorsitzenden und zwei weiteren Wohnungseigentümern als Beisitzern.“ Das Gesetz sieht hier ein dreiköpfiges Gremium vor, wenn man diesen Satz als abschließende Aufzählung sieht. Dies hat zur Folge, dass eine vom Gesetz abweichende Zusammensetzung – z.B. nur aus einem Wohnungseigentümer bestehend – einer Vereinbarung bedarf, ein Mehrheitsbeschluss reicht nicht aus (OLG Düsseldorf ZMR 1991, 32). Die Gemeinschaftsordnungen gehen in der Regel, wie das Gesetz, von einem dreiköpfigen Beirat aus. Gerade bei Mehrblockanlagen oder großen Wohnanlagen ist es aber häufig sinnvoll und praktikabel, je Block oder je Abschnitt einen Verwaltungsbeirat zu wählen. Nun kommt man mit der Zahl Drei in Konflikt, sofern die Gemeinschaftsordnung keine Lösung bringt bzw. eine andere und größere Zusammensetzung vorsieht. Ein Beschluss der mehr als drei Beiratsmitglieder bestellt ist nichtig, da eine gesetzliche Bestimmung dauerhaft abgeändert wird. Die Eigentümergemeinschaft hat keine Beschlusskompetenz einen derartigen Beschluss zu fassen. Wichtig ist hier die dauerhafte Abänderung. Wie kann dies nun in der Praxis aussehen?

Praxisbeispiel

In einer Eigentümerversammlung einer Eigentümergemeinschaft, die keine entsprechende Regelung in der Gemeinschaftsordnung hat, wird folgender Beschluss gefasst:
Die Eigentümer entschließen sich für die nächste Amtsperiode des Verwaltungsbeirates einen Verwaltungsbeirat zu wählen,

- der aus fünf Personen besteht (je Block ein Verwaltungsbeirat)
- mit einer Amtszeit von drei Jahren"

Dieser Beschluss wird bestandskräftig, wenn er nicht angefochten wird. D.h. der Verwaltungsbeirat ist ordnungsgemäß im Amt. Hier wird die gesetzliche Bestimmung wohl nicht dauerhaft abgeändert, sondern einmalig für die kommende Amtszeit. Kritisch wird eine solche Beschlussfassung wenn sie mehrmals hintereinander erfolgt und so eine dauerhafte Abänderung vorgenommen wird. Wird er aber angefochten, so wird er aufgehoben werden.

Anders ist es, wenn die Eigentümergemeinschaft folgenden Beschluss fasst
Die Eigentümergemeinschaft besteht aus fünf Blöcken. Die Eigentümer halten es für sinnvoll, wenn sich der Verwaltungsbeirat aus einem Eigentümer je Block zusammen setzt. Daher wird für **zukünftige Beiratswahlen** geregelt, dass

- sich der Verwaltungsbeirat aus fünf Personen zusammen setzt (je Block ein Verwaltungsbeirat)
- eine Amtsperiode des Verwaltungsbeirates drei Jahre dauert.

Abstimmungsergebnis: 10 JA, 5 NEIN, keine Enthaltungen, der Antrag ist damit angenommen."
Dieser Beschluss ist nichtig und daher nicht anzuwenden, da der Beschluss eine gesetzliche Bestimmung dauerhaft abändert – das dürfte auch einer Anfechtung standhalten.

Anders ist es, wenn in der Gemeinschaftsordnung eine Regelung getroffen worden ist. Da der § 29 WEG dispositives (= abänderbares) Recht ist, kann durch die Gemeinschaftsordnung eine andere Zahl festgesetzt werden. Diese kann von der gesetzlichen Vorgabe nach oben und unten abweichen. Die Regelung muss aber in jedem Fall konkret formuliert sein, so dass jederzeit für die Eigentümer erkennbar ist, wie viele Personen den Beirat besetzen sollen.

In einer Gemeinschaftsordnung ist z.B. Folgendes geregelt
„Die Wohnungseigentümer können mit einfacher Stimmenmehrheit für eine befristete Zeit – im Regelfall für drei Jahre – einen Verwaltungsbeirat wählen. Der Verwaltungsbeirat soll aus Wohnungs- und Teileigentümern bestehen. Er wird von mindestens zwei Personen, einem Vorsitzenden und einem Beisitzer, gebildet."
Hier wurde in der Gemeinschaftsordnung nun ein Minimum definiert: mindestens zwei Personen. Nach oben wurde keine Grenze gesetzt. In diesem Fall dürfte folgende Vorgehensweise richtig sein:

- 1. Beschlussfassung über die Zahl der Beiräte für die nächste Wahlperiode
- 2. Wahl der Beiräte

Man kann aber auch grundsätzlich in eine andere Richtung denken. Oben wurde ausgeführt, dass neben dem Verwaltungsbeirat auch andere Kontrollorgane wie Kassen- oder Rechnungsprüfer berufen werden können. In einer Mehrblockanlage mit z.B. fünf Blöcken kann man nun neben dem dreiköpfigen Beirat je Block einen „Sprecher" des Blockes wählen, der den Verwaltungsbeirat bei seiner Arbeit unterstützt und spezielle Interessen seines Blockes wahrnimmt. So kann er z.B. Rechnungen oder Handwerkerleistungen, die an seinem Block ausgeführt worden sind, kontrollieren. Dies ist in der Praxis auch sinnvoll, da der Wohnungseigentümer sich an Arbeiten, die an seinem „Eigentum" ausgeführt worden sind, viel besser erinnern kann und diese genauer begutachtet.

Die Aufgaben und Befugnisse des Beirates und der zusätzlichen Organe lassen sich durch Beschluss einer Geschäftsordnung in der Eigentümerversammlung regeln. Ein Muster ist im Anhang beigefügt.
Ein Problem dieser zusätzlichen Organe ist die Haftung der bestellten Personen. Dieses Risiko ist derzeit noch nicht versicherbar, das der Verwaltungsbeiräte hingegen im Umfang ihrer gesetzlichen Aufgaben schon. Auf die Fragen zur Versicherung wird im Kapitel „Haftung, Haftungsbeschränkung, Versicherungsmöglichkeiten" eingegangen. Erwähnt werden soll hier nur, dass die Versicherungen in der Regel pro Beirat abgeschlossen werden, unabhängig von der Personenzahl im Beirat. So sind größere Beiratsgremien ohne Mehrkosten für die Eigentümergemeinschaft versicherbar.
Im übrigen ist die Gemeinschaftsordnung ein sehr wichtiges Dokument für die Eigentümergemeinschaft. Sie regelt neben Gesetz und Beschlüssen wesentliche Belange der Eigentümergemeinschaft und ist so etwas wie die Satzung für den Verein. Daher sind grundsätzlich die Regelungen der Gemeinschaftsordnung zu beachten. Jeder Verwaltungsbeirat muss daher die Gemeinschaftsordnung unbedingt kennen und anwenden – ebenso der Verwalter.

3. Wahl, Vorsitz, Amtsdauer, Amtsniederlegung und Abwahl

Jetzt kommen wir zu weniger theoretischen, juristischen Punkten. Es geht um praktische Fragen für den Beirat sowie für alle anderen Eigentümer.

a) Bestellung

Das bestellende Organ ist in jedem Fall die Eigentümerversammlung. Die Bestellung von Wohnungseigentümern bedeutet zugleich die Bestellung des Organs. Ein gesonderter Beschluss ist, wie oben ausgeführt, entbehrlich. Stimmberechtigt sind sowohl der zu Bestellende als auch ein Verwalter, der zugleich Wohnungseigentümer ist.
Wie wird gewählt? Hier gibt es drei Verfahren:

Einzelpersonenbestellung
Hier wird jedes Beiratsmitglied durch einen eigenen Beschluss bestellt. Bestellt ist, wer die einfache Mehrheit der anwesenden Stimmberechtigten auf sich vereint. Stimmberechtigt sind sowohl der zu Bestellende als auch ein Verwalter, der zugleich Wohnungseigentümer ist. Bei der Einzelpersonenbestellung werden daher drei Beschlüsse gefasst (für jedes Beiratsmitglied einer). Die Einzelpersonenbestellung ist nach Rechtsprechung und Literatur die einzig richtige Bestellungsart.

Bestellung im Rahmen der Blockwahl
Bei der Bestellung en bloc werden die drei Verwaltungsbeiräte durch einen Beschluss bestellt. Sinn macht die Blockwahl also dann, wenn für die drei zu besetzenden Posten auch drei Kandidaten vorhanden sind. So praktikabel dieser Weg in der Praxis auch sein mag, soll schnell und einfach die Stimmen ausgezählt sind, so problematisch ist er aus rechtlicher Sicht.

Nach der herrschenden Meinung ist die Blockwahl nur zulässig, wenn diese in der Gemeinschaftsordnung vereinbart worden ist. Dies ist aber in der Regel nicht der Fall. In der Praxis wird sie dennoch oft angewendet. Eine Bestellung en bloc wird aber auch dann zulässig sein, wenn kein einziger Wohnungseigentümer vor der Stimmabgabe eine Einzelabstimmung verlangt. Das Landgericht Schweinfurt hat die Bestellung en bloc in einem Urteil (LG Schweifurt WuM 1997, 641) für zulässig gehalten. Doch dies ist leider noch eine Mindermeinung. Die Blockwahl widerspricht nicht dem Verständnis eines demokratischen Wahlverhaltens in einer Gemeinschaft (KG Berlin ZWE 2001, 255, 258; und ZMR 10/2004,775; Hans. OLG Hamburg v. 28.1.2005 ZMR 5/2005); einer solchen müsste in der Versammlung ausdrücklich widersprochen werden.
Das LG Düsseldorf (NZM 2004, 468) hat die Blockwahl für unzulässig gehalten. Auch in Wohnungseigentümergemeinschaften herrschen demokratische Grundprinzipien, mit denen ein derartiger Abstimmungsmodus unvereinbar sei: Denn bei einer Blockwahl müssen auch unliebsame Kandidaten mitgewählt werden, nur weil man sie von den Kandidaten seiner Wahl nicht trennen kann. Mann kann nur alle drei wählen oder alle drei nicht. Ein Mittelweg ist bei der Blockwahl nicht möglich.
Für die Praxis hat die Blockwahl aber eine sehr große Bedeutung, da eine Vielzahl von Verwaltungsbeiräten auf diese Art und Weise bestellt werden. Man ist froh und glücklich, drei Beiräte gefunden zu haben und bestellt diese in einem Beschluss. Die kaum vorhandenen Urteile zu diesem Komplex zeigen, dass man die Blockwahl in der Immobilienverwaltung für einen sinnvollen und praktikablen Weg hält, der auch auf Grund seiner Schnelligkeit in der Auszählung einem zügigen Versammlungsablauf dient. Demjenigen der den sicheren Weg bestreiten will, wird man empfehlen müssen, alle drei Kandidaten getrennt zu bestellen. Das klingt nun ein wenig nach „Förmelei“ der Juristen, ist aber der Weg, der Beschlussanfechtungsverfahren in strittigen Gemeinschaften vermeidet.
Ist sich die Gemeinschaft einig und wünscht eine Blockwahl, kann diese genutzt werden, wenn es genauso viele zu besetzende Positionen gibt wie Kandidaten. Dann werden die drei Personen en bloc bestellt. Hier hat jeder Wohnungseigentümer eine Stimme. Wichtig hierbei ist nur, dass keiner der Wohnungseigentümer der Blockwahl in der Versammlung widerspricht.
Angenommen ist der Beschluss, wenn die einfache Mehrheit der anwesenden Stimmberechtigten gegeben ist. Stimmberechtigt sind sowohl der zu Bestellende als auch ein Verwalter, der zugleich Wohnungseigentümer ist.
Was ist nun die einfache Mehrheit? Dies soll folgendes Praxisbeispiel verdeutlichen:

Praxisbeispiel

Wir haben 60 Eigentümer, die auf der Eigentümerversammlung anwesend sind.
Die Abstimmung erfolgt. Das Stimmergebnis ist 28 JA, 22 Nein, 10 Enthaltungen.
Man rechnet wie folgt: 60 Stimmer minus 10 Enthaltungen = 50 Stimmen geteilt durch 2. Damit liegt die einfache Mehrheit bei 25 Stimmen. Bei 28 Stimmen ist der Verwaltungsbeirat somit gewählt. Diese Wahlmethode gilt für alle drei Wahlmöglichkeiten.
Bitte beachten Sie, dass es grundsätzlich verschiedene Stimmrechtswertungen gibt. Dies ist für den Wahlvorgang, sowie für jede Abstimmung in der Eigentümergemeinschaft sehr wichtig. Das Gesetz gibt jedem Wohnungseigentümer unabhängig von der Anzahl der ihm gehörenden Einheiten eine Stimme. Dies ist in § 25 WEG geregelt.

Häufig weicht die Gemeinschaftsordnung aber von diesem Stimmrecht ab und bestimmt ein Stimmrecht nach Miteigentumsanteilen oder Einheiten. Daher ist vor der Abstimmung zu prüfen, wie abgestimmt wird, d.h. wie Stimmen zu werten sind. Dies kann Bedeutung für das Ergebnis der Abstimmung haben.

Annahme

Der Beschluss über die Bestellung eines Wohnungseigentümers zum Mitglied des Verwaltungsbeirates ist ein reiner Akt der inneren Willensbildung in der Eigentümergemeinschaft durch die Wohnungseigentümer. Durch diesen reinen Akt der Willensbildung gelangt der Bestellte noch nicht ins Amt. Er muss die Bestellung noch annehmen. Erst nach erfolgter Annahme ist er in „Amt und Würden".

Bestellung in Abwesenheit

Was ist nun, wenn man am Abend der Eigentümerversammlung keine Zeit hat – aber gerne neu oder wieder in den Verwaltungsbeirat bestellt werden möchte?
Für die Bestellung ist keine persönliche Anwesenheit erforderlich. Man kann auch unter gewissen Voraussetzungen in Abwesenheit bestellt werden.
Dem Versammlungsleiter (in der Regel ist dies der Verwalter) sollte vor der Behandlung des Tagesordnungspunktes eine schriftliche Erklärung vorliegen, die folgende Punkte beinhaltet:

- Absender
- Erklärung das man bereit, ist für das Amt zu kandidieren
- Das man im Falle der Bestellung dieses auch annimmt
- Datum, Unterschrift

Anschrift

Absender

Ort, Datum

Hiermit erkläre ich, dass ich als Beirat der Eigentümergemeinschaft xy-Straße, auf der Eigentümerversammlung kandidieren möchte und auch im Falle meiner Wahl diese annehme.
Ich bitte Sie, vor der Wahl folgende Erklärung von mir zu verlesen:

(hier Text einfügen mit z.B. folgendem Inhalt: wieso man nicht auf der Versammlung ist, wieso man als Verwaltungsbeirat geeignet ist, wieso man kandidieren möchte, was die Ziele im Amt sind, ...)

Herzlichen Dank.
Unterschrift

Zusätzlich kann man diese Erklärung auch mit einer persönlichen Stellungnahme versehen bzw. eine kleine „Wahlrede“ einbauen. Wer man ist, warum man als Beirat bestellt werden will – seine persönliche Motivation aufzeigen. Wenn mehr Kandidaten als zu besetzende Positionen vorhanden sind – kann dies unter Umständen hilfreich sein, seine Stimmen zu erhöhen. Diese Erklärung kann dann von dem Versammlungsleiter oder einem anderen Eigentümer auf der Eigentümerversammlung verlesen werden. Erreicht man als Kandidat in Abwesenheit nun das erforderliche Abstimmungsergebnis, so ist man als Verwaltungsbeirat bestellt.
Liegt keine Erklärung vor, so geht die Eigentümergemeinschaft ein Risiko ein. In diesem Fall kann es auch vorkommen, dass ein bestellter Eigentümer nachträglich seine Bestellung nicht annimmt. Damit ist eine Beiratsposition unbesetzt und muss bei nächster Gelegenheit bzw. auf der nächsten Eigentümerversammlung nachbestellt werden. In jedem Fall ist aber die Eigentümergemeinschaft von der Nichtannahme zu unterrichten.

b) Vorsitz

Das Gesetz spricht von einem Vorsitzenden des Verwaltungsbeirates und überträgt diesem gewissen Aufgaben. Der Verwaltungsbeirat kann auf zwei Wegen zu einem Vorsitzenden kommen.

Variante 1: Bei den Wahlen zum Verwaltungsbeirat wird ein Beirat als Vorsitzender gewählt. Er hat dann dieses Amt kraft seiner Wahl in der Eigentümerversammlung.

Variante 2: Bei den Wahlen wird keine Spezifizierung vorgenommen. Wir haben z.B. drei „einfache“ Beiratsmitglieder. Auf deren ersten konstituierenden Sitzung kann der Vorsitzende dann von den Verwaltungsbeiräten bestimmt werden.
Die Variante 2 hat den großen Vorteil, dass der Beirat hinsichtlich der internen Aufgabenverteilung flexibel und nicht an eine Beschlussfassung in der Eigentümerversammlung gebunden ist. Je nach Zeit und Belastung der einzelnen Beiratsmitglieder kann der Vorsitz gewechselt werden, ohne dass ein Beschluss der Eigentümerversammlung erforderlich ist.
Dem Vorsitzenden des Verwaltungsbeirates hat das WEG folgende Aufgaben zugewiesen:

- Einberufung von Sitzungen des Verwaltungsbeirates, § 29 Absatz 4 WEG
- Einberufung einer Eigentümerversammlung in den Fällen des § 24 Absatz 3 WEG
- Unterschreiben des Protokolls gemäß § 24 Absatz 6 WEG

c) Amtsdauer

Gemäß dem Motto „never change a running team“ sieht das WEG keine Begrenzung der Amtszeit des Verwaltungsbeirates vor: Es ist ein Job fürs Leben. Die Amtszeit des Verwaltungsbeirates kann auf zwei Arten begrenzt werden:

- 1. Regelung in der Gemeinschaftsordnung
- 2. Beschluss

Ist eine Regelung in der Gemeinschaftsordnung getroffen worden, so kann diese nicht durch Beschluss dauerhaft geändert werden. Diese Regelung ist dann zu beachten.
Ist keine Regelung in der Gemeinschaftsordnung getroffen worden, so kann die Dauer der Amtszeit im Beschlusswege festgelegt werden.
Wird ein Beirat gewählt ohne Festlegung der Amtsdauer im Beschlusswege oder der Gemeinschaftsordnung, so ist er auf unbestimmte Zeit gewählt.
Aus meiner Praxis kenne ich Verwaltungsbeiräte, die schon Jahrzehnte im Amt sind, das Amt zur Zufriedenheit der Eigentümer ausführen und bald ihr 30-jähriges Beiratsjubiläum feiern können.
Der Verwaltungsbeirat verliert sein Amt nur durch

- Tod
- Verkauf
- Amtsniederlegung
- Abwahl

d) Amtsniederlegung

Ein Verwaltungsbeirat kann sein Amt jederzeit niederlegen.
Dies kann auf folgende Weise erfolgen:

Eigentümerversammlung
In der Eigentümerversammlung durch Erklärung gegenüber den anderen Miteigentümern. Die Niederlegung / der Rücktritt wird sofort wirksam, da er unter Anwesenden erfolgt und kein weiterer Zugang erforderlich ist. Die Erklärung bedarf auch keiner speziellen Form oder gar Schriftform. Sie kann mündlich abgegeben werden. Der Schritt muss auch nicht begründet werden. Die Entscheidung des Beirates ist gefallen und die Eigentümergemeinschaft sollte dies akzeptieren.

Im laufenden Jahr
In der Zeit zwischen den Eigentümerversammlungen muss diese Erklärung dem Verwalter zugehen. Dies kann sowohl schriftlich, mündlich, telefonisch, per Fax oder E-Mail erfolgen. Auf Grund der besseren Nachweisführung sollte die Amtsniederlegung aber in jedem Falle schriftlich erfolgen. Es soll schon Beiräte gegeben haben, die sich später an einen mündlichen Rücktritt am Telefon nicht mehr erinnern konnten und darauf pochten, weiter Verwaltungsbeirat zu sein.

Ausflug in die Verwalterpraxis
Beirat Böswillig erklärt dem Verwalter gegenüber bei einer Begehung der Wohnanlage seinen Rücktritt. Der Verwalter streicht Böswillig daher aus seiner Liste und arbeitet fortan nur noch mit den anderen beiden Beiräten zusammen. Nun ereilt den Verwalter gemäß § 24 Absatz 2 WEG von mehr als einem Viertel der Wohnungseigentümer das Gesuch auf Einberufung einer außerordentlichen Eigentümerversammlung mit

dem Beschlussgegenstand Abwahl des Verwalters aus wichtigem Grund. Gemäß der Rechtsprechung ist ein wichtiger Grund, wenn eine vertrauensvolle Zusammenarbeit zwischen dem Verwaltungsbeirat und dem Verwalter nicht mehr möglich ist (BayObLG NZM 2000, S. 510). Beirat Böswillig behauptet, er werde als Beirat ignoriert – man arbeite nicht mit ihm zusammen. Ein wichtiger Grund liegt nicht vor, wenn der Verwaltungsbeirat das Zerwürfnis selber herbei geführt hat. Aber wie soll der Verwalter beweisen, dass der Beirat mündlich zurückgetreten ist und er deshalb nicht eingeladen wurde. Daher sollte der Verwalter auf einer schriftliche Fixierung bestehen.

e) Abberufung

Die Abwahl des Verwaltungsbeirates kann wie die Bestellung nur auf der Eigentümerversammlung erfolgen. Ausreichend hierfür ist die Aufnahme eines entsprechenden Beschlussgegenstandes in die Tagesordnung. Es gilt hier der Grundsatz, dass nur das Gremium eine Abbestellung vornehmen kann, das auch die Bestellung vorgenommen hat. Die Abbestellung kann jederzeit, unabhängig von der Amtszeit, erfolgen. Die Eigentümergemeinschaft kann dem Verwaltungsbeirat mit Stimmenmehrheit – gleiches Erfordernis wie bei der Bestellung – das Amt entziehen. Auch dazu bedarf es keiner Begründung oder der Nennung von wichtigen Gründen.
Anders ist dies jedoch, wenn die Gemeinschaftsordnung die Abberufung des Verwaltungsbeirates auf einen wichtigen Grund beschränkt. Hier werden die gleichen wichtigen Gründe wie bei der Verwalterabberufung gelten. Wird auf der Eigentümerversammlung ein neuer Verwaltungsbeirat bestellt, ohne den alten Verwaltungsbeirat ausdrücklich abzuwählen, so ist in dem Beschluss zur Bestellung des neuen Verwaltungsbeirates gleichzeitig die Abberufung des alten Verwaltungsbeirates zu sehen.

f) Andere Gründe des Amtsverlustes

Andere Gründe des Amtsverlustes sind Tod oder Verkauf.
Tod: Verstirbt ein Beiratsmitglied, so erlischt sein Amt am Todestag.
Verkauf: Verkauft ein Beiratsmitglied sein Wohneigentum in der Wohnanlage, so erlischt sein Amt mit dem Verlust des Eigentümerstatus. Dies ist weder der Tag der Beurkundung, noch der des Datums der Eintragung der Auflassungsvormerkung oder der Tag des Nutzen-Lasten-Überganges, sondern der Tag, an dem der Käufer als Eigentümer im Grundbuch eingetragen ist und der Verkäufer gelöscht ist.

g) Folgen für den Verwaltungsbeirat

Was geschieht nun mit dem Verwaltungsbeirat, wenn während der Amtszeit ein Beirat ausscheidet oder zurücktritt? Hier kann man von drei Fallgruppen ausgehen.

a) Der Gesamtbeirat löst sich auf, da er in der gewählten Form nicht mehr besteht.
Dieser Ansicht kann meines Erachtens nicht gefolgt werden, sie erscheint unbillig. Auch

in der Praxis würde sich bei dem unterjährigen Ausscheiden eines Beirates die Frage stellen, wer denn nun die Abrechnung des Verwalters prüft. Denn die Prüfung erfolgt immer vor der Eigentümerversammlung. Auch wenn man Parallelen zum Vereinsrecht zieht, bestätigt sich diese Ansicht nicht: Dort werden Rechnungsprüfer oder Vorstände beim Rücktritt eines Mitgliedes nicht aufgelöst. Die Bestellungsversammlung gemäß BGB oder Satzung nimmt eine Ergänzungswahl zum weiter bestehenden Restgremium vor.

b) Die Vornahme einer Ergänzungsbestellung auf der nächsten Eigentümerversammlung halte ich auch für den richtigen Weg. Es ist nicht einsehbar, warum die anderen Beiräte ihr Amt verlieren sollen, wenn ein Beirat ausscheidet.
Gerade wenn man die Einzelbestellung der Verwaltungsbeiräte als den richtigeren Weg sieht, d.h. jeder Beirat bekommt von der Eigentümerversammlung sein „Mandat" – sein Vertrauen mit der Bestellung ausgedrückt – ist es schlüssig, wenn er sein Amt auch solange behält, bis das Gremiun, das ihn bestellt hat wieder abberuft.
Es ist daher festzuhalten, dass der Beirat ohne das ausgeschiedene Mitglied weiter besteht und auf der kommenden Eigentümerversammlung eine Ergänzungsbestellung oder eine Neubestellung bei Amtszeitende vornimmt.
So ist in jedem Fall sichergestellt, dass eine funktionierende Beiratsarbeit zwischen den Eigentümerversammlungen gewährleistet ist. Gerade dies erwarten die Wohnungseigentümer auch bei der Bestellung des Verwaltungsbeirates.

c) Dieses Problem stellt sich jedoch gar nicht, wenn man bei der Eigentümerversammlung neben dem Verwaltungsbeirat auch gleich Ersatzbeiräte bestellt. Dies ist möglich und auch zulässig.
Bei der Bestellung von Ersatzbeiratsmitgliedern muss jedoch darauf geachtet werden, dass diese genau bezeichnet werden und eine Nachrückreihenfolge auf der Eigentümerversammlung festgelegt wird. Man kann hier zum Beispiel den 1. und 2. Nachrücker bestellen oder die Reihenfolge vom Abstimmungsergebnis abhängig machen. Diese Festlegung sollte die Eigentümerversammlung durch Beschluss festlegen.
Es wäre problematisch, wenn nach dem Ausscheiden eines Beirats die Diskussion anfinge, welches der Ersatzmitglieder nun zum Einsatz kommen soll. Eine derartig unklare Beschlussfassung würde auch nicht den Grundsätzen ordnungsgemäßer Verwaltung entsprechen und im Anfechtungsfalle für ungültig erklärt werden.

4. Aufgaben und Berechtigungen des Verwaltungsbeirates

Dieses Kapitel hat eine äußerst große Praxisrelevanz. Es geht um das Zusammenwirken von Beirat und Verwaltung. Dabei können Reibungen oder ein konstruktives Miteinander entstehen.

Verwalterkollegen erzählen mir von Verwaltungsbeiräten, die sich einen eigenen Briefkopf gestaltet haben „Verwaltungsbeirat Wichtigstraße – der Vorsitzende" und nun an Gott und die Welt – auch an den Verwalter – Briefe versenden und darin ihr persönliches Defizit kompensieren, indem sie dem Verwalter Anweisungen, diese zum Teil unter Fristsetzung, erteilen. Ob der Beirat zur Erteilung von Anweisungen berechtigt ist bzw. diese zu seinen Aufgaben gehören, soll auch beleuchtet werden. Ob diese einem vernünftigen und harmonischen Zusammenspiel dienen, mag an dieser Stelle einmal dahingestellt bleiben. Grundsätzlich hat der Beirat eine Kontroll- und Beratungsfunktion. Eine Gemeinschaftsordnung enthält z.B. folgende Formulierung: „Der Verwaltungsbeirat hat die im Wohnungseigentumsgesetz und in dieser Gemeinschaftsordnung festgelegten Aufgaben und darüber hinaus die Aufgabe, den Verwalter, soweit es dieser für erforderlich hält, zu beraten."
Wir entnehmen also die Aufgaben aus dem Gesetz und aus der Gemeinschaftsordnung. Die Wichtigkeit der Gemeinschaftsordnung sei an dieser Stelle noch mal hervor gehoben. Der Verwaltungsbeirat sollte sie kennen, da er daran gebunden ist.

a) Die gesetzlich normierten Pflichten bzw. Befugnisse des Verwaltungsbeirates

Das wichtige Amt des Verwaltungsbeirates ist mit gar nicht so vielen gesetzlichen Pflichten oder Befugnissen ausgestattet. Dies sind folgende Vorschriften:

1. § 24 Absatz 3 WEG
Fehlt ein Verwalter oder weigert sich dieser pflichtwidrig, so kann der Vorsitzende des Verwaltungsbeirates zu einer Eigentümerversammlung einladen.

Der Fall des fehlenden Verwalters ist einfach. Es ist kein Verwalter vorhanden, wenn der Bestellzeitraum des amtierenden Verwalters abgelaufen ist oder der Verwalter seine Tätigkeit beendet hat. Dies können Fälle von Tod, Geschäftsaufgabe, Auflösung der Verwaltungsgesellschaft oder außerordentliche und fristlose Kündigung des Verwaltervertrages sein.
Aber wann weigert sich ein Verwalter pflichtwidrig? Gemäß § 24 Absatz 2 WEG muss der Verwalter eine Eigentümerversammlung einberufen, wenn dies schriftlich unter Angabe des Zweckes und der Gründe von mehr als einem Viertel der Wohnungseigentümer gefordert wird.

Der Verwalter handelt pflichtwidrig, wenn er die turnusgemäße Versammlung nach § 24 Absatz 1 WEG oder die in der Gemeinschaftsordnung vorgesehene bzw. die von einer ausreichenden Anzahl von Wohnungseigentümern gemäß § 24 Absatz 2 WEG geforder-

te Versammlung nicht einberuft. Eine Weigerung liegt nur dann vor, wenn der Verwalter trotz schriftlicher Aufforderung durch einen oder mehrere Wohnungseigentümer oder durch den Verwaltungsbeirat nicht in angemessener Frist zu einer Eigentümerversammlung einlädt. Untätigkeit ist daher eine Weigerung.
Man wird das Einberufungsverlangen mit einer Frist von 4-6 Wochen verbinden müssen. Der Verwalter benötigt für eine Eigentümerversammlung je nach Größe der Wohnanlage eine gewisse Organisationszeit, einen Versammlungsraum und einen freien Abendtermin in seinem Terminkalender. Hier gibt es einen Ermessensspielraum. Wenn der Verwalter den Termin nicht hinaus schiebt und eine verspätete Ladung nachvollziehbar begründen kann, wird er vermutlich nicht pflichtwidrig handeln. Versäumt er aber die Frist, ohne tätig zu werden und ohne seine Gründe gegenüber der Eigentümergemeinschaft darzulegen bzw. ignoriert er das Aufforderungsschreiben, so kann der Verwaltungsbeiratsvorsitzende oder sein Vertreter oder der gesamte Beirat selber zu einer Eigentümerversammlung einladen – aber nur in den hier aufgezählten Fällen.
Der Beirat ist jedoch nicht verpflichtet, zu einer Eigentümerversammlung einzuladen. Der § 24 Absatz 3 WEG spricht davon, dass die Versammlung von dem Verwaltungsbeiratsvorsitzenden oder seinem Stellvertreter einberufen werden kann. Diese Kann-Bestimmung stellt somit keine Verpflichtung dar.
Man kann nun überlegen, wie die Wohnungseigentümergemeinschaft zu einer Versammlung kommt, wenn Verwalter und / oder Beirat dies verhindern wollen.
Die Eigentümer erhalten dann über § 43 Absatz 1 Nummer 2 WEG, § 887 ZPO durch das Gericht die Ermächtigung, eine Eigentümerversammlung einzuberufen. Sprich, ein Wohnungseigentümer stellt beim zuständigen Amtsgericht – Abteilung für Wohnungseigentumsangelegenheiten – einen entsprechenden Antrag. Das Gericht prüft nun, ob die vorgetragenen Gründe die Einberufung rechtfertigen, nicht dagegen, ob diese inhaltlich zutreffen. Das Gericht ermächtigt dann durch Gerichtsbeschluss einen Eigentümer, zu einer außerordentlichen Eigentümerversammlung zu laden.
Die durch den Richter erteilte Ermächtigung wird durch die ordnungsgemäße Einberufung zu einer Wohnungseigentümerversammlung verbraucht. Eine richterliche Ermächtigung gilt also nur für den jeweiligen Einzelfall. Sollte in Folge eine zweite Versammlung notwendig werden, so beginnt das Ganze wieder von vorne.

2. § 29 Absatz 2 WEG

Die Aufgaben und Befugnisse richten sich nach § 29 Absatz 2 und 3 WEG. Dies sind zwei Sätze. Eine hervorragende Kurzfassung, um nach der Lektüre des Gesetzestextes genau so schlau wie davor zu sein. Daher bedarf dieses Kapitel einer genaueren Darstellung und Untergliederung.

2.1 Gemeinschaftsordnung

Die Aufgaben und Befugnisse des Verwaltungsbeirates sind durch Vereinbarung in der Gemeinschaftsordnung abdingbar. Dem Verwaltungsbeirat können in der Gemeinschaftsordnung deshalb mehr oder auch weniger Aufgaben als im § 29 WEG übertragen werden. Daher ist in jedem Fall zu raten, wie auch generell bei wohnungseigentumsrechtlichen Problemen, die Gemeinschaftsordnung genau zu studieren.
In vielen Fällen wird hier aber auf das Wohnungseigentumsgesetz verwiesen, so dass sich der Kreis wieder schließt. Die mir bekannten und gängigen Mustergemeinschafts-

ordnungen nehmen selten eine wesentliche Erweiterung der Aufgaben vor. Dies ist auch sinnvoll, da man die Aufgaben für den Verwaltungsbeirat immer auf die in das Gremium gewählten Personen zuschneiden sollte und nicht jeder Beirat alle Aufgaben übernehmen kann. Die Übertragung von Aufgaben im Beschlusswege erscheint daher sinnvoller und lässt den Eigentümern einen Handlungsspielraum.

2.2 Außenvertretung

Der Verwaltungsbeirat unterstützt und berät den Verwalter.
Dies tut er im Innenverhältnis zwischen Beirat und Verwalter.
Eine Vertretung der Eigentümergemeinschaft nach außen ist im Gesetz nicht vorgesehen. Er kann daher die Eigentümergemeinschaft nicht ohne gesonderte Ermächtigung gegenüber dem Verwalter oder Dritten vertreten.
Das handelnde Organ ist immer der Verwalter. Lediglich in Notfällen zur Abwendung einer Gefahr oder eines größeren Schadens kann ein Wohnungseigentümer, und dies ist unabhängig davon, ob er Beirat ist oder nicht, aktiv werden.

2.3 Beratung

Der Wohnungseigentümer kennt in der Regel seine Wohnanlage sehr gut und vielleicht manchmal besser als der Verwalter. Er ist nicht nur mit den örtlichen Gegebenheiten bestens vertraut, er kennt zumindest auch die Miteigentümer, die in der Wohnanlage wohnen. Er kann daher ihre Wünsche, Interessen und Befindlichkeiten gut einschätzen.
Der Beirat sollte daher den Verwalter in folgenden Punkten beraten:

- Vorbereitung der Wohnungseigentümerversammlung
- Aufstellen der Tagesordnung
- Abgabe von Stellungnahmen bei der Wohnungseigentümerversammlung
- Durchführung von Beschlüssen
- Überwachung der Hausordnung
- Vorbereitung von Instandhaltungsmaßnahmen (Mängelfeststellung und Vorschlag von Maßnahmen)
- Einholung von Kostenvoranschlägen (auch selbständig möglich)
- Überprüfung der Sachgerechtheit einer Instandhaltungsmaßnahme
- Geldanlage
- Aufstellung des Wirtschaftsplanes

Oben wurde eine Gemeinschaftsordnung zitiert. Diese enthielt den Satz „Der Verwaltungsbeirat hat ... darüber hinaus die Aufgabe, den Verwalter, soweit dieser es für erforderlich hält, zu beraten“. Hier ist die Beratungsmöglichkeit durch die Gemeinschaftsordnung noch einmal eingeschränkt worden.
Ein Verwalter wird immer ein großes Interesse an einer guten Zusammenarbeit haben und den Beirat mit in die Arbeit einbinden. Der Verwalter muss sich in vielen Bereichen auskennen. Sein Aufgabenspektrum ist sehr weit gestreut. Er muss Kenntnis in den Bereichen Recht, Betriebswirtschaft, Gebäudetechnik, Instandhaltung und Psychologie besitzen. Große Verwaltungsgesellschaften können evtl. über die Mitarbeiter die verschiedenen Bereiche abdecken. Kleinere Verwalter tun sich hier eher schwer.
Daher ist der Verwaltungsbeirat mit seinem Fachwissen auch ein interessanter Partner,

der eine Bereicherung für den Verwalter und die Eigentümergemeinschaft sein kann. Damit sind wir wieder bei der Beratungsfunktion. Der Verwaltungsbeirat bringt sein berufliches Fachwissen und seine Erfahrung in die Arbeit mit ein, um das Beste für die Eigentümergemeinschaft zu erreichen.

2.4 Vermittlung

Der Verwaltungsbeirat kann auch zwischen dem Verwalter und einzelnen Wohnungseigentümern vermitteln. Eine Vermittlung kann bei folgenden Punkten in Betracht kommen:

- Ausführung von Beschlüssen
- Überwachung der Hausordnung

Der Beirat kann auch Wünsche und Anregungen der Wohnungseigentümer entgegennehmen und an den Verwalter weiterleiten und Informationen seitens des Verwalters an die Wohnungseigentümer weiter geben.
Der Verwaltungsbeirat genießt in der Eigentümergemeinschaft eine Vertrauensstellung und ist häufig eine geachtete Persönlichkeit. Diese Stellung kann er ausgleichend für die Miteigentümer einsetzen. In Eigentümergemeinschaften, gerade neueren Baujahres, leben die Miteigentümer häufig nahe aufeinander. Alleine hieraus können sich Konflikte im täglichen Miteinander der Bewohner ergeben. Streit, der eskaliert oder gar gerichtlich ausgetragen wird, ist für alle Beteiligten immer unschön. Hier kann neben dem neutralen Verwalter auch der Verwaltungsbeirat vermittelnd tätig sein und durch sein internes Fachwissen aus der Verwaltung integrierend und Streit schlichtend wirken.

2.5 Überwachung

Der Verwaltungsbeirat ist nicht verpflichtet, die laufende Verwaltung durch den Verwalter zu überwachen. Er soll ja nicht ein zweiter Verwalter werden.
Die Unterstützung des Verwalters kann auch darin liegen, dass der Verwaltungsbeirat in Zweifelsfragen, sofern er hierzu die nötige Fach- und Sachkompetenz besitzt, die Rechtmäßigkeit des Verwalterhandelns beurteilt.
Im Einzelnen kann die Überwachung auch bei folgende Punkten in Betracht kommen:

- Richtig verwendeter Kostenverteilerschlüssel
- Mittelverwendung bei Instandhaltungsmaßnahmen
- Wirtschaftlichkeit / Höhe des Wohngeldes
- Mängelrüge innerhalb der Gewährleistungspflicht
- Kontenanlage
- Geldverkehr

2.6 Die Aufgaben und Befugnisse

Die Aufgaben und Befugnisse werden gemäß § 29 Absatz 3 WEG in dem Teil Rechnungsprüfung durch den Verwaltungsbeirat behandelt.

3. § 29 Absatz 3, hier: Überprüfung von Kostenvoranschlägen

Es gehört zu den Aufgaben des Verwalters, Kostenvoranschläge einzuholen. Diese sind vom Verwaltungsbeirat zu prüfen und mit einer Stellungnahme zu versehen.

Der Verwalter wird zur Vorbereitung der Eigentümerversammlung Kostenvoranschläge einholen. Hier stellt sich in der Regel die Frage, wie viele es sein müssen?
Die Eigentümer und Beiräte wünschen oft mindestens drei, der Verwalter hält dies oft für übertrieben. Doch wer hat recht?
Meines Erachtens nach reicht in der Regel die Einholung eines Kostenvoranschlages für die Eigentümerversammlung aus. Sinn und Zweck dieses einen Kostenvoranschlages ist es, den Eigentümern einen groben Überblick über die Kosten der Maßnahme zu verschaffen. Wenn der Verwalter den Kostenvoranschlag von einer Firma einholt, die seiner Erfahrung nach im preislichen Mittelfeld liegt und der Verwalter den Preis auf Grund seiner Erfahrung beurteilen kann (z.B. Preis je Quadratmeter für das Streichen einer Fassade), dürfte dies ausreichend sein.
Entschließen sich die Eigentümer auf der Eigentümerversammlung für die Durchführung der Maßnahme, so kann der Verwalter durch Beschluss beauftragt werden, weitere Kostenvoranschläge einzuholen und nach Stellungnahme durch den Verwaltungsbeirat den Auftrag zu vergeben.
Holt ein Verwalter grundsätzlich drei Angebote zur Versammlung ein, kommt es zu folgender Situation: Ein Handwerker erhält den Auftrag bei Entschluss zur Maßnahme oder gar keiner bei Verwurf der Maßnahme. Das heißt zwei oder drei Handwerker gehen leer aus. Da ein professioneller Verwalter nicht nur einmal im Jahr Angebote anfordert, sondern ja ab 30 Versammlungen aufwärts im Jahr durchführt, werden recht viele Handwerker leer ausgehen. Irgendwann bekommt er dann Schwierigkeiten überhaupt noch Angebote zu bekommen, da die Auftragschancen für den Handwerker schlecht sind – oder die Handwerker verlangen eine Gebühr für die Erstellung des Angebotes, die dann mit dem Auftrag verrechnet werden kann. Das ist das Problemfeld der Verwalter.
Ein größeres Verwaltungsunternehmen führt in einem Jahr auch verschiedene gleichartige Handwerkerleistungen durch, z.B. Treppenhausrenovierungen. Hier kann man die angebotenen Quadratmeter-Preise von verschiedenen Eigentümergemeinschaften in Relation setzen, um einen Preisüberblick zu bekommen. Auch dies ist eine sinnvolle Variante.
Der Verwaltungsbeirat soll die Angebote, die hoffentlich vergleichbar sind, miteinander vergleichen (Positionen / Leistungen / Preis) und mit seiner Meinung versehen. Diese Meinung soll der Verwalter dann in seine Entscheidung einfließen lassen. Doch auch hier spreche ich von der Praxis – entscheidend ist die Ausführung. Niemand kann die Handwerker während der Arbeiten ständig überwachen. Zuverlässigkeit und Vertrauen sind oft wichtiger als der günstige Preis einer vielleicht unbekannten Firma.
Die Überprüfungen von erforderlichen Leistungen und damit von Kostenvoranschlägen kann nicht nur für den Verwaltungsbeirat, sondern evtl. auch für einen Verwalter schwierig sein. In der Instandsetzungsplanung gibt es verschiedene schwierige Bereiche bei denen überlegt werden sollte, ob nicht ein Fachplaner mit hinzu gezogen werden soll. So stellt sich die Frage, ob eine Instandsetzungsplanung erforderlich ist.

3.1. Instandsetzungsplanung

Die Betonung bei der Erforderlichkeit von Instandsetzungsplanung liegt auf „Planung". Instandsetzung selbst ist – wenn es um den Werterhalt immobiler Werte geht – im Regelfall immer als Notwendigkeit zu betrachten.

Wenn Notwendigkeiten nicht beachtet werden – kann das Ergebnis fatal, ja sogar lebensgefährlich sein – daher muss es dem Verwalter, wie auch dem Verwaltungsbeirat, ein Anliegen sein, bei manchen Maßnahmen einen fachkundigen Planer hinzuzuziehen. Wann dies ratsam ist soll hier erläutert werden.

Der Überbegriff „Instandsetzungsplanung" beinhaltet zwei Punkte:

- Die rechtzeitige Instandsetzungsentscheidung
- Beauftragung eines Bauingenieurs mit:
  Planung / Ausschreibung / Überwachung der durchzuführenden Maßnahme

Die drei Ingenieurleistungskomponenten Planung / Ausschreibung / Überwachung gehören zusammen wie Pech & Schwefel und sollten nie getrennt werden!
Oftmals liegt die Problematik bei nicht erfolgreichen Instandsetzungsmaßnahmen darin, dass die Ingenieurleistungskomponenten entweder nicht, nur teilweise oder an verschiedene Personen / Büros vergeben wurden – meist mit kostenintensiven Folgen.
Daher empfiehlt sich: Keinesfalls Ausführung durch Verschiedene!
Doch nun zur Kernfrage, ist Instandsetzungsplanung Luxus oder Notwendigkeit?

Beispiele für Luxus

- Treppenhausrenovierungen
- Malertechnische Überarbeitungen
- Austausch einzelner Fenster
- Kleinreparaturen

Im Einzelfall kann eine Überprüfung sinnvoll sein. Im Regelfall jedoch handelt es sich hier um Arbeiten, die auf Angebotsbasis und ohne Bauüberwachung durchgeführt werden können, sofern keine Sicherheitsrelevanz besteht.

Grauzone zwischen Luxus und Notwendigkeit

Zwischen Luxus und Notwendigkeit einer Instandsetzungsplanung besteht eine Grauzone, in der man im Einzelfall eine Überprüfung durch einen Bauingenieur empfehlen sollte:

Beispiele:

- Treppenhaus - Elemente
- Wärmedämm - Verbundsysteme
- Dachinstandsetzungen
- Fassadeninstandsetzungen
- Abdichtungen / Trockenlegungen

Die Erfahrung hat gezeigt, dass dabei sehr schnell sicherheitsrelevante Aspekte, wie z.B. Brandschutz- und Rettungswegkriterien oder arbeitsschutztechnische Punkte bei Dach- und Fassadeninstandsetzungen zu beachten sind und so die Einschaltung eines Bauingenieurs erforderlich machen.
Daher: Im Einzelfall eine Überprüfung durch einen Bauingenieur, besser einmal zu viel, als einmal zu wenig.

Notwendigkeit

Instandsetzungsplanung als Notwendigkeit

Beispiele

- Beton-Instandsetzung
- Balkon-Instandsetzung
- Tiefgaragen-Instandsetzung
- Parkdeck-Instandsetzung

Immer vom Bauingenieur prüfen lassen! Bei diesen Maßnahmen ist Instandsetzungsplanung ein muss!

Die Instandsetzung von Bauwerken aus Beton- / Stahlbeton ist dabei in der Instandsetzungsrichtlinie des DafStb (2001) geregelt. Diese Richtlinie ist in der Tabelle der „Eingeführten technischen Baubestimmungen" in der Bayerischen Bauordnung (BayBO) enthalten und somit geltendes Baurecht. Gleiches gilt für andere Bundesländer.
Die Nichteinhaltung dieser Richtlinie, insbesondere bei sicherheits- oder verkehrssicherheitstechnisch relevanten Instandsetzungen bedeutet somit einen Verstoß gegen geltendes Baurecht.

Die Instandsetzungsrichtlinie regelt für Bauwerke aus Beton- / Stahlbeton die

- Instandsetzungsplanung
- Durchführung
- Überwachung

Die Instandsetzungsrichtlinie schreibt unter folgenden Voraussetzungen die Einschaltung eines sachkundigen Planers vor:

- Gefährdung der Standsicherheit
- bei künftig zu erwartendem Schaden

Dem letzteren Punkt ist dabei besondere Aufmerksamkeit zu widmen. Durch diese Formulierung fallen eine ganze Reihe von Betoninstandsetzungsmaßnahmen in den Geltungsbereich der Richtlinie. Aber auch das Vorliegen einer Standsicherheitsgefährdung ist nicht unbedingt immer sofort erkennbar.

Künftig zu erwartende Schäden

Künftig zu erwartende Schäden sind für den Betrachter oft schwer zu erkennen. Wenn sich bereits Rissbildung abzeichnet oder Abplatzungen auftreten sollte in jedem Fall eine Beurteilung durch einen Bauingenieur erfolgen.
Im Regelfall muss dabei immer davon ausgegangen werden, dass sich der Objektzustand als Gesamtes betrachtet ähnlich verhält. Dies liegt daran, dass beispielsweise Carbonatisierungsschäden u.a. dadurch ausgelöst werden, dass sich das schützende Millieu des Stahls im Beton durch Umwelteinflüsse im Lauf der Zeit gleichmäßig abbaut. Faustregel 1 mm pro Jahr. Somit ist meist schon nach 15-20 Jahren, oft sogar früher der Stahl erreicht. Ab dann kann es durch Korrosion des Stahls zu Abplatzungen kommen. Extrem mit Vorsicht zu genießen sind z.B. Chloridschäden bzw. Bauteile, die ungeschützt den Einflüssen von Chloriden – z.B. durch Pkw eingeschlepptes Tausalz – ausgesetzt sind. Die Chloride greifen bei entsprechender Konzentration den Stahl massiv an und führen zu Lochfraß am Stahl, was unmittelbar bis zum vollständigen Verlust der Tragfähigkeit führt.
Zu empfehlen ist eine regelmäßige Objektbegehung mit stichpunktartigen Überprüfungen und Untersuchungen des IST-Zustands.

Auftraggeberpflichten nach der Instandsetzungsrichtlinie des DafStb (2001)

Aus der Instandsetzungsrichtlinie leiten sich folgende Auftraggeberpflichten ab:

- Rechtzeitige Instandsetzungsentscheidung
- Beauftragung eines sachkundigen Planers (bei Gefährdung Stand- / Verkehrssicherheit bzw. künftig zu erwartendem Schaden)

Sachkundiger Planer

Welche Leistungen sind von einem sachkundigen Planer zu erbringen?

Ermittlung IST-Zustand

Ermittlung SOLL-Zustand

→ Instandsetzungskonzept

- Instandsetzungsplanung
- Leistungsbeschreibung
- Bauüberwachung
- Hinweise zur Instandhaltung

Bei der Vergabe auf „Angebotsbasis“ durch ausführende Firmen fehlen meist vollständig die Komponenten Ermittlung IST-Zustand (u.a. Grundlagenermittlung, Untersuchungen, örtliche Aufmasse), Ermittlung SOLL-Zustand (u.a. Ausarbeitung von Alternativen, Abstimmung der Vorschläge mit dem Auftraggeber), Instandsetzungskonzept (u.a. übersichtliche Darstellung und Beschreibung der Maßnahmen / Alternativen in Abstimmung mit dem Auftraggeber, Berechnung von Kostenrelationen), Bauüberwachung (u.a. Qualitäts- und Kostenüberwachung, Baustellensicherheit, Standsicherheit, Einhaltung von Vertragsgrundlagen), Hinweise zur Instandhaltung.

Ein guter Ingenieur spart das Geld das er kostet dadurch ein, indem er die obigen Positionen sorgsam ausführt.

4. § 24 Abs. 6 WEG

Die Niederschrift über die Beschlüsse der Wohnungseigentümerversammlung ist, wenn ein Verwaltungsbeirat bestellt ist, unter anderem von dessen Vorsitzenden gemäß § 24 Abs. 6 WEG zu unterzeichnen. Diese Unterzeichnung ist keine Wirksamkeitsvoraussetzung für eine Beschlussfassung, sondern soll das Protokoll als zutreffend dokumentieren. Sollte der Vorsitzende des Verwaltungsbeirates auch gleichzeitig der Versammlungsleiter sein, was in den Fällen des § 24 Abs. 3 WEG in Betracht kommen dürfte, ist es nicht erforderlich, dass er die Niederschrift einmal in der Funktion als Versammlungsleiter und einmal als Vorsitzender des Beirates unterzeichnet. Dies wäre unsinnig und reiner Formalismus. Nimmt ein stellvertretender Beiratsvorsitzender neben dem Vorsitzenden an einer Versammlung teil, ist das Protokoll jedoch von diesem zu unterzeichnen, da er seine Vertreterrolle ausübt.
Neben dem Verwalter / Versammlungsleiter und dem Vorsitzenden des Verwaltungsbeirates oder dessen Vertreter ist das Protokoll der Eigentümerversammlung auch noch von einem weiteren Wohnungseigentümer zu unterschreiben.

Form und Inhalt des Protokolls (der Niederschrift)

Das Wohnungseigentumsgesetz regelt das Protokoll nicht vollständig. In § 24 Absatz 6 Satz 1 WEG wird festgelegt, dass die in der Eigentümerversammlung getroffenen Beschlüsse in eine Niederschrift = Protokoll aufzunehmen sind.
Das Protokoll muss daher zumindest den genauen Wortlaut der gefassten Beschlüsse wiedergeben sowie das Abstimmungsergebnis und die Feststellung, ob der Beschluss angenommen oder abgelehnt ist. Im Anhang ist ein Protokoll als Muster beigefügt. Hierin kann man die erforderlichen Formularien ersehen. Als Mindestinhalt eines Protokolles sind folgende Punkte anzusehen:

- Ort der Versammlung
- Datum und Zeitpunkt der Versammlung
- Angaben zur Beschlussfähigkeit der Versammlung
- Tagesordnungspunkte
- Beschlüsse der Eigentümerversammlung

Über den Inhalt des Protokolls kann es auch zu Streit kommen. Was muss alles protokolliert werden und wie ausführlich muss alles sein? Welcher Wortbeitrag muss erwähnt werden? Ein Ermessensspielraum den der Protokollführer (in der Regel der Versammlungsleiter und Verwalter) verantwortlich ausfüllen muss.

Es gibt 3 Protokollarten:

- Ergebnisprotokoll
- Verlaufprotokoll
- Wortprotokoll

Das Ergebnisprotokoll führt nur die einzelnen Tagesordnungspunkte auf und die zu dem jeweiligen Tagesordnungspunkt gefassten Beschlüsse. Es enthält keine Informationen zu einzelnen Wortbeiträgen oder Diskussionspunkten. Es ist in der Regel kurz gehalten und informiert nur über die Ergebnisse bzw. die Beschlussfassungen. Als Wohnungseigentümer, der nicht auf der Versammlung anwesend war, kann man hier nur das Ergebnis lesen aber nicht wieso oder warum der Beschluss gerade in dieser Art und Weise gefasst worden ist.

Das Verlaufprotokoll hingegen informiert auch über den Verlauf der Versammlung. Er liefert dabei auch Informationen zu Hintergründen oder wichtigen Wortbeiträgen. Man kann hier auch nachvollziehen wieso es zu der Entscheidung / Beschlussfassung in der Eigentümergemeinschaft gekommen ist. Im Verlaufprotokoll werden die Wortbeiträge in der Regel nicht wörtlich wiedergegeben sondern zusammengefasst protokolliert. Und hier kommen wir zu der Schwierigkeit des Verlaufprotokolls. Der Protokollführer muss den Versammlungsverlauf so neutral erfassen, das er den tatsächlichen Verlauf und Inhalt wiedergibt.
Schafft er dies nicht, so wird es nach der Versammlung Diskussionen geben.
Man wird den Verwalter fragen und konfrontieren mit:

- So habe ich das doch gar nicht gesagt!
- Sie haben meinen wichtigen Wortbeitrag gar nicht erwähnt!
- Ich habe doch aber gesagt, dass soll so ins Protokoll kommen!
- Wir haben doch gar nicht über den Punkt abgestimmt!
- Das Abstimmungsergebnis war doch ganz anders!

Meiner Ansicht nach ist das Verlaufprotokoll die geeignetste Protokollform für eine Eigentümerversammlung. Denn welchen Zweck hat das Protokoll? Es soll die Eigentümer über die Eigentümerversammlung informieren. Und zur Information gehören Ergebnis und der Weg zum Ergebnis. Nur so werden die Entscheidungen der Versammlung transparent.

Das Wortprotokoll dokumentiert jedes auf der Versammlung gesprochene Wort. Der komplette Versammlungsverlauf wird genau erfasst. Es ist das umfangreichste Protokoll. Ich kenne keine Eigentümergemeinschaft die ein Wortprotokoll erstellen lässt. Man wird hier einen separaten Protokollführer (Stenographen) benötigen der das Protokoll führt und erstellt.

Frist zur Erstellung der Niederschrift / des Protokolls
Eine gesetzliche Frist, innerhalb derer das Protokoll anzufertigen ist, besteht nicht. Es hat sich aber die Ansicht durchgesetzt, dass der Vorsitzende im Hinblick auf die Anfechtungsfrist des § 46 Absatz 1 WEG dazu verpflichtet ist, die Niederschrift mindestens eine Woche vor Ablauf der Anfechtungsfrist zu erstellen. Die Verletzung dieser Frist wirkt sich nicht auf die Gültigkeit des Protokolls aus. Auch verlängert sich durch einen späteren Versand nicht die Anfechtungsfrist.

Eine gesetzliche Pflicht zur Versendung von Fotokopien des Protokolles gibt es nicht.

Durch § 24 Absatz 6 Satz 3 WEG wird dem Wohnungseigentümer lediglich ein Einsichtsrecht gewährt. Häufig wird die Frage des Protokollversands aber in den Verwalterverträgen geregelt. Im Rahmen eines modernen Verwalterbüros sollte der Protokollversand zu den Pflichten eines Verwalters gehören.

Folgen des Protokolls

Das ordnungsgemäß erstellte Protokoll ist eine Privaturkunde.
Die Beweiskraft der Privaturkunde beschränkt sich nur auf …

- die Urheberschaft des Ausstellers,

nicht aber auf

- die inhaltliche Richtigkeit der Niederschrift.

Fehlt ein Protokoll oder weist dieses Mängel auf, so verschiebt sich die Beweislast zu Lasten dessen, der einen nicht ordnungsgemäß protokollierten Beschluss behauptet. Aus der nicht ordnungemäßen Erstellung des Protokolls können sich auch Schadensersatzansprüche gegen den zur Anfertigung Verpflichteten, dies ist in der Regel der Verwalter, ergeben. Der Schaden kann darin bestehen, dass ein Wohnungseigentümer wegen dem fehlendem Protokoll über die gefassten Beschlüsse nicht informiert ist und daher von Rechten, die ihm gegen diese Beschlüsse zustehen, keinen Gebrauch macht und insbesondere Fristen versäumt. Hierbei ist aber auch ein Mitverschulden des Wohnungseigentümers zu berücksichtigen. Denn jeder zur Versammlung geladene Eigentümer kennt die Tagesordnung und kann sich nach der Versammlung beim Verwalter oder bei anderen teilnehmenden Eigentümern über die gefassten Beschlüsse informieren und diese dann auch ohne Protokoll anfechten.

Weicht das Protokoll von einer vereinbarten Gültigkeitsvoraussetzung ab und macht der Protokollierungsmangel die gefassten Beschlüsse anfechtbar, so trägt der protokollierende Verwalter ein besonderes Kostenrisiko im gerichtlichen Beschlussanfechtungsverfahren. Ein mit der Versammlung befasster und für die Protokollführung verantwortlicher Berufsverwalter hat das Risiko einer Anfechtung zu meiden und dafür zu sorgen, dass die Bestimmungen der Gemeinschaftsordnung sowie gesetzliche Regelungen und Verordnungen eingehalten werden. Kommt ein Berufsverwalter dieser Verpflichtung schuldhaft nicht nach, so können bei der gerichtlichen Kostenentscheidung dem am Verfahren beteiligten Verwalter deshalb neben den Gerichtskosten auch die außergerichtlichen Kosten auferlegt werden.
Und dies ist ein Spannungsfeld für den Verwalter. Wieso? Hier kann der Verwalter mit dem Wunsch der Eigentümer und dem Willen des Gesetzgebers in Konflikt geraten. Der Verwalter informiert auf der Eigentümerversammlung die Eigentümer über Verpflichtungen der Gemeinschaft, die sich z.B. aus einer Verordnung ergeben. Möglich sind hier z.B. die Energieeinsparverordnung, Trinkwasserverordnung, Baustellenverordnung, Baumschutzverordnung, Betriebssicherheitsverordnung für Aufzüge usw. Die Eigentümergemeinschaft reagiert nun wie folgt: Herzlichen Dank für die Information – aber das kostet ja nur wieder, unsere Nebenkosten sind ja schon so hoch. Wir machen da nichts. Es wird nunmehr beschlossen, dass nichts gemacht wird, sprich das die Verordnung nicht eingehalten wird. Der Verwalter will sich keinen Ärger mit der Eigentü-

mergemeinschaft einhandeln und tut nichts. Ein Eigentümer möchte nun aber das die Verordnung eingehalten wird und ficht den Beschluss an. Er wird mit seiner Anfechtung durchkommen, da Verordnungen einfach einzuhalten sind. Der Verwalter steht nun im Kostenrisiko.

Was ist wenn der Beirat und / oder Eigentümer das Protokoll nicht unterschreibt?
In diesem Fall wird der Verwalter das Protokoll ohne die Unterschriften von Beirat und oder Eigentümer versenden. Da das Protokoll eine Privaturkunde ist, ist dies in der Regel auch nicht dramatisch. Das Protokoll wird hierdurch nicht fehlerhaft, vielmehr wird nur der Beweiswert des Protokolls als Privaturkunde geschmälert.

Wichtig ist, dass in der Eigentümergemeinschaft oder im Verhältnis Verwalter – Beirat besprochen und geklärt wird, wieso die erforderlichen Unterschriften nicht geleistet worden sind.

Die Aufbewahrung des Protokolls

Der Verwalter ist verpflichtet das Protokoll dauerhaft aufzubewahren. Das Protokoll gehört zu den wichtigen Gemeinschaftsunterlagen und ist auch von Verwalter zu Verwalter weiter zu geben.

Die Berichtigung des Protokolls

Jedem einzelnen Wohnungseigentümer kann unter bestimmten Voraussetzungen ein Anspruch auf Berichtigung des Protokolls zustehen. Dies ist in folgenden Fällen möglich:

- der Wohnungseigentümer muss durch den Inhalt rechtswidrig beeinträchtigt werden
- eine rechtlich erhebliche Erklärung wird falsch wiedergegeben
- wenn der Inhalt seine Persönlichkeitsrechte rechtswidrig beeinträchtigt
- wenn das Protokoll nicht den Grundsätzen ordnungsgemäßer Verwalteung entspricht

Keinen Anspruch auf Berichtigung des Protokolls hat ein Wohnungseigentümer z.B. wenn das Abstimmungsergebnis nicht richtig wiedergeben ist und die behauptete Unrichtigkeit sich nicht auf das Abstimmungsergebnis auswirkt. In diesem Fall fehlt das Rechtsschutzbedürfnis.
Der Antrag auf Berichtigung des Protokolls muss ebenfalls, wie die Beschlussanfechtung, innerhalb der Monatsfrist des § 46 Absatz 1 WEG beim zuständigen Amtsgericht gestellt werden.

Die Beschluss-Sammlung

Neu ins Gesetz eingefügt worden sind die § 24 Abs. 7 und 8 WEG. Hiernach wird zwecks umfassender Dokumentation der Beschlüsse eine Beschluss-Sammlung zwingend vorgeschrieben. In diese Sammlung sind alle Versammlungsbeschlüsse und Urteile in Rechtsstreitigkeiten der Gemeinschaft aufzunehmen.

Die Anlegung soll in schriftlicher Form (etwa als Ordner), aber auch in elektronischer Form angelegt werden können, wenn dabei durch Ausdruck ungehinderte Einsicht ermöglicht wird. Gefordert wird eine zweckmäßige und übersichtliche Form im Rahmen der Gebote ordnungsgemäßer Verwaltung, möglichst auch versehen mit einem Inhaltsverzeichnis. In die Sammlung einzutragen sind nur künftige Beschlüsse und Entscheidungen, die also in genannter Zeit nach dem In-Kraft-Treten der Gesetzesreform verkündet wurden.
Eintragungen haben jeweils „unverzüglich" (ohne schuldhafte Verzögerung) und in fortlaufender Nummerierung als Indiz der Vollständigkeit zu erfolgen. Bei Beschlüssen oder Gerichtsentscheidungen ist anzumerken, wenn diese erfolgreich angefochten wurden; insoweit sind Streichungen oder Löschungsvermerke bzw. Entfernungen (bei elektronischer Sammlungsführung) geboten. Überholte oder nach Zeitablauf erledigte Entscheidungen können je nach Einzelfall ebenfalls mit dem Vermerk „bedeutungslos" versehen werden.
Die Sammlung ist grundsätzlich neben den bisher üblichen und umfangreichen Versammlungsprotokollen zu führen, um Kenntnisnahmen zu erleichtern. Auch und gerade in die neuen Beschluss-Sammlungen besitzt jeder Eigentümer bzw. ein von diesem ermächtigter Dritter Einsichtsrechte und kann sich auch Kopien fertigen lassen (ggf. mit zu beschließender Kostenerstattung für einen solchen besonderen Verwaltungsaufwand).
Fehlt ein zur Sammlungsführung verpflichteter Verwalter in einer Gemeinschaft und werden dort dennoch Beschlüsse gefasst, ist grundsätzlich der Vorsitzende solcher Versammlungen für die Führung der Sammlung verantwortlich, hilfsweise ggf. auch kraft Mehrheitsbeschluss ein anderer Versammlungsteilnehmer.
Die neue Pflicht primär für bestellte, amtierende Verwalter will der Gesetzgeber sogar als so bedeutsam manifestieren, dass eine nicht ordnungsgemäße Führung einer solchen Sammlung „auch" bzw. „regelmäßig" sogar selbst bei einmaliger Verletzung einen wichtigen Abberufungsgrund (als Regelbeispiel) darstellt; der Gesetzgeber begründet diese Neuregelung beiläufig auch damit, dass eine solche Sammlungsführung einerseits keine besonderen Anforderungen an einen Verwalter stelle, vielmehr ohne größeren Aufwand zu führen sei (!), andererseits erhebliche Rechtsbedeutung für Wohnungserwerber, aktuelle Eigentümer und auch die Verwalter selbst besitze; unkorrekte Führung lasse hier generell negative Rückschlüsse auf die Art der Verwaltung zu.
Die Sammlung ist ständig zu pflegen und zu aktualisieren. Einzutragen sind alle Gerichtsentscheidungen nach § 43 WEG im Tenor (Urteilsformel) mit entsprechenden Vermerken, ebenso alle positiven oder auch negativen Eigentümerbeschlüsse im Wortlaut und damit selbst solche unter einem TOP „Verschiedenes" („Sonstiges") und auch Abrechnungs-, Wirtschafts- und Entlastungsbeschlüsse, die sich in kurzer Zeit erledigen, nicht jedoch spontane, sich in / mit der Eigentümerversammlung erledigende sog. Geschäftsordnungsbeschlüsse. Auf Grund ihrer besonderen Bedeutung sollten insbesondere das Gesetz oder eine bisher getroffene Vereinbarung über sog. Öffnungsklauseln mit Rechtsfolgewirkung für die Zukunft ändernde Beschlüsse m.E. in einer solchen neuen Sammlung besonders (bereits optisch unschwer erkennbar, evtl. in Fett- oder Farbdruck) herausgestellt werden, um gerade hier ausreichenden Rechtsnachfolgerschutz im Hinblick auf die Wirkungen gem. § 10 Abs. 3 WEG zu gewährleisten.
Anstelle des in der Fachliteratur bisher geforderten sog. Zentralgrundbuchs für eine dortige Eintragung und Sammlung solcher gesetzes- oder vereinbarungsändernder

bestandskräftiger Öffnungsklauselbeschlüsse wird also nunmehr jeder Versammlungsleiter bzw. Verwalter in die Pflicht genommen (beabsichtigte Entlastung der Grundbuchrechtspfleger und „Privatisierung“ auch dieser Aufgaben!).

b) Erweiterung der Befugnisse des Verwaltungsbeirates

Sie sind geregelt nach § 29 WEG durch Sonderermächtigungen für den Gesamtbeirat oder einzelne Beiratsmitglieder durch entsprechenden Mehrheitsbeschluss im Rahmen ordnungsgemäßer Verwaltung:
Der Verwaltungsbeirat kann nur mit seinem Einverständnis mit weiteren Aufgaben betraut werden. Die dem Verwalter gemäß § 27 Absatz 1, 2 und 3 WEG zustehenden Befugnisse dürften dadurch aber nicht eingeschränkt werden.
Durch Mehrheitsbeschluss können die Wohnungseigentümer dem Verwaltungsbeirat weder zusätzliche Aufgaben übertragen (falls er nicht bereit ist, diese zu übernehmen) noch ihm diese entziehen.
Eine Änderung des § 29 WEG kann gemäß § 10 Absatz 3 WEG nur durch Vereinbarung erfolgen. Mangels Beschlusskompetenz wäre ein solcher Beschluss nichtig. Aus praktischen Gründen soll aber in engen Grenzen eine Beschlussfassung möglich sein, wenn durch diesen Beschluss der Schutzzweck der gesetzlichen Regelung nicht ausgehöhlt wird. Da der Verwalter den Verwaltungsbeirat gerne mit ins Boot holt und diesen einbezieht, werden in der Praxis häufig Beiräte durch Beschluss zu gewissen Handlungen ermächtigt. Die engen Grenzen der Möglichkeit sollen hier anhand von Praxisbeispielen aufgezeigt werden. Man muss bei der Aufgabenzuteilung immer einen Grundsatz beachten: Die grundsätzliche Entscheidung zum Beschlussgegenstand muss immer auf der Eigentümerversammlung getroffen werden. Dem Beirat kann lediglich Kompetenz bei der Umsetzung eingeräumt werden.

1. Abrechnung

Es ist unzulässig, dem Beirat die Genehmigung der Jahresabrechnung zu übertragen. Dies ist eine Kernkompetenz der Eigentümerversammlung. Wird die Jahresabrechnung jedoch von der Eigentümerversammlung beschlossen unter der Bedingung, dass noch einzelne Punkte vom Verwaltungsbeirat geklärt oder überprüft werden, so ist dies zulässig (BayObLG WE 1989, 55). Hierin liegt keine Übertragung der Abrechnungsgenehmigung, sondern lediglich die Bedingung für eine Beschlussfassung. Dies ist eine aufschiebende Bedingung, die zu erfüllen ist.

2. Verwalterbestellung

Die Wohnungseigentümerversammlung hat nach § 26 Absatz 1 WEG über die Bestellung des Verwalters zu entscheiden. Daher ist es nicht zulässig diese Aufgabe dem Verwaltungsbeirat zu übertragen. Gleiches gilt auch für die Abberufung des Verwalters. Anders ist die Vorbereitung der Eigentümerversammlung mit dem Tagesordnungspunkt „Verwalterneubestellung“. Hier ist es durchaus sinnvoll, wenn der Verwaltungsbeirat bei verschiedenen Verwaltern Angebote zur Verwaltung der Wohnanlage einholt und den Leistungsumfang abgleicht. Soll die Bestellung mit dem bisherigen Verwalter verlängert werden, so ist dies nicht erforderlich.

Ein Vergleich bei Neubestellung ist sinnvoll, da im Rahmen einer Verwalterwahl ein Vergleich der Anbieter, der Leistungen, der Kompetenz, der Referenzen und zuletzt der Konditionen erfolgen muss. Da der Verwaltungsbeirat die erforderlichen Leistungen für die Eigentümergemeinschaft und die Anforderungen an den Verwalter am besten kennt und beurteilen kann, ist es richtig, wenn er diese Aufgabe übernimmt und Gespräche mit interessierten Verwaltern führt. In der Praxis ist es ratsam, wenn der Verwaltungsbeirat, vielleicht auch mit anderen Eigentümern, eine Vorauswahl trifft und der Eigentümergemeinschaft zwei oder drei geeignete Verwalter im Rahmen der Eigentümerversammlung vorstellt. Die Verwaltervorstellung kann und sollte der Verwaltungsbeirat auch mit einer Stellungnahme versehen. So kann er der Eigentümergemeinschaft berichten, warum und wieso ein Verwalter ausgewählt worden ist, wo Vor- und Nachteile liegen. Vielleicht hat der Verwaltungsbeirat ja schon einen „Wunschkandidaten". Auch dieses kann meines Erachtens vom Verwaltungsbeirat berichtet werden.
Die letztendliche Entscheidung, die Wahl des Verwalters, nimmt dann aber in jedem Fall die Eigentümerversammlung wahr.
War bislang die Bestellung eines Immobilienverwalters grundsätzlich auf 5 Jahre beschränkt, so differenziert das Wohnungseigentumsgesetz nun. In § 26 Absatz 1 Satz 2, 2. Halbsatz WEG wurde neu geregelt, dass im Falle der Erstbestellung des Verwalters nach Begründung des Wohneigentums (der erste Verwalter einer WEG) darf die Bestellung auf höchstens drei Jahre vorgenommen werden. Für die Zweit- und Folgebestellungen gelten weiterhin die bekannten fünf Jahre.

Auf den Seiten 85 ff. habe ich Ihnen Auswahlkriterien für einen Immobilienverwalter zusammengestellt. Anhand des Fragenkataloges können Sie eine Art „Leistungsverzeichnis" oder einen Fragenkatalog für Immobilienverwalter zusammenstellen. Dieser mag Ihnen bei der Auswahl eines geeignetenVerwalters helfen.
Neben den dort aufgeführten ist der Preis ein weiteres wichtiges Kriterium. Wenn Sie das Augenmerk auf den Preis werfen, so sollte sich dieser nicht nur auf die Höhe richten. Denn der billigste Verwalter muss nicht unbedingt der beste sein.

John Ruskin ein Englischer Sozialreformer (1818-1900) hat hierzu folgendes gesagt:

> „Es ist unklug zuviel zu bezahlen, aber es ist noch schlechter, zuwenig zu bezahlen.
> Wenn Sie zuviel bezahlen, verlieren Sie etwas Geld, das ist alles.
> Wenn Sie dagegen zu wenig bezahlen, verlieren Sie manchmal alles,
> da der gekaufte Gegenstand die ihm zugedachte Aufgabe nicht erfüllen kann."
>
> „Nehmen Sie das niedrigste Angebot an, müssen Sie für das Risiko, das Sie eingehen, etwas hinzurechnen. Und wenn Sie das tun, haben Sie auch genug Geld, um für etwas Besseres zu bezahlen."
>
> „Das Gesetz der Wirtschaft verbietet es, für wenig Geld viel zu erhalten."

In der Verwalterbranche ist es oft schwierig, Preise und Leistungen zu vergleichen. Wieso? Verwalterleistungen werden nach Grundleistungen und besonderen Leistungen definiert. Die Grundleistungen sind mit der monatlichen pauschalen Verwaltervergütung

abgedeckt. Die besonderen Leistungen werden nach Aufwand abgerechnet.
Der Verwalterberuf bringt ein sehr weites Leistungsspektrum mit sich. Die Aufgaben nach dem Wohnungseigentumsgesetzes gehören immer zu den Grundleistungen. Der moderne Verwalter erbringt heute aber viel mehr Leistungen. Und so muss man bei den verschiedenen Angeboten unterscheiden und vergleichen, welche Leistungen über die Grundleistungen abgedeckt sind und welche separat vergütet werden.
Bei größeren Eigentümergemeinschaften empfiehlt sich daher auch die Fertigung eines Leistungsverzeichnis, das abfragt, welche Leistungen in der Grundvergütung enthalten sind und welche nicht.

Welche Möglichkeiten es hier gibt, kann man am besten anhand eines Verwaltervertrages verdeutlichen. Unter Checklisten / Formulare am Ende des Buches ist der Musterverwaltervertrag des Dachverbandes Deutscher Immobilienverwalter abgedruckt. Dieser differenziert die Leistungen eines Verwalters genau in Grundleistungen und besondere Leistungen. Anhand der genauen Aufzählung können Sie auch ein individuelles Leistungsverzeichnis für ihre Eigentümergemeinschaft erstellen.

Den Verwaltervertrag können Sie auch im Dateiformat bestellen unter www.immobilienverwalter.de.

3. Abschluss des Verwaltervertrages

Der Abschluss des Verwaltervertrages kann jedoch dem Verwaltungsbeirat übertragen werden. Die Wohnungseigentümergemeinschaft zeigt durch ihre Beschlussfassung, dass sie von der Kompetenz des Verwalter überzeugt ist und räumt dem Beirat nur eine Vertragsabschlusskompetenz ein.
Hierbei ist aber ein Punkt unbedingt zu beachten: Der Verwaltungsbeirat kann nur zum Abschluss des Vertrages ermächtigt werden, sofern der maßgebliche Inhalt zuvor von den Wohnungseigentümern festgelegt wurde oder ihnen bekannt war (OLG Düsseldorf WuM 1997, 639; OLG Hamm NZM 2001, 49 ff.). Eine Abweichung hiervon ist nicht möglich. Es ist daher unbedingt zu raten, dass der Verwaltervertrag den Eigentümern bei Beschlussfassung vorliegt und mit besprochen wird. Der Verwaltervertrag sollte auch in den Beschluss mit einbezogen werden – oder zumindest sollten die wesentlichen Punkte des Vertrages, gerade zur Verwaltervergütung, in dem Beschluss mit aufgelistet werden. Da eine solche Auflistung recht lang werden kann, ist die Vorlage und Besprechnung des Vertrages zu empfehlen. Und dies wird umso deutlicher, wenn wir uns den Mustervertrag vor Augen halten. Jetzt kann es für den Verwaltungsbeirat schwierig werden, welche Leistung in der Grundvergütung enthalten sein soll und welche nicht. Dies hat eine große Bedeutung für die Eigentümer und für die Kosten. Hier kann in einem Verwaltervertrag viel vereinbart werden.
Daher ist die Entscheidung des OLG Düsseldorf durchaus sinnvoll. Die Eigentümer sollen wissen, was in dem Vertrag steht, den andere für sie unterschreiben. Die nicht separat erwähnten Klauseln müssen sich im Rahmen der Grundsätze ordnungsgemäßer Verwaltung bewegen.

4. Prozessführung
Der Verwalter darf gemäß § 27 Absatz 2 Nummer 3 WEG gerichtliche Verfahren nicht einfach einleiten. Er braucht, um Ansprüche gerichtlich und außergerichtlich geltend zu machen, einen Beschluss der Wohnungseigentümergemeinschaft, eine Ermächtigung, die sich aus der Gemeinschaftsordnung oder Verwaltervertrag ergibt.
Ein genereller Ermächtigungsbeschluss des Verwalters durch die Wohnungseigentümerversammlung kann mit der Genehmigung des Beirates zur Einleitung der Maßnahmen im Einzelfall verbunden werden.
Hier kommen wir aber immer mehr in haftungsrelevante Bereiche hinein. Was ist, wenn der Verwalter ordnungsgemäß klagen will aber nicht kann, weil der Beirat nicht zustimmt. Der Verwalter wird eine Eigentümerversammlung zur Erteilung einer Ermächtigung einberufen müssen und – wenn der Eigentümergemeinschaft ein Schaden durch das Beiratsverhalten entsteht – diesen schadensersatzpflichtig machen können.

5. Abschluss von Verträgen
Die Übertragung des Abschlusses von Verträgen auf den Verwalter zusammen mit dem Verwaltungsbeirat ist auch möglich. Hier gilt die gleiche Problematik wie beim Verwaltervertrag. Ein Punkt ist unbedingt zu beachten: Der Verwaltungsbeirat kann nur zum Abschluss von Verträgen ermächtigt werden, sofern der maßgebliche Inhalt zuvor von den Wohnungseigentümern festgelegt wurde oder ihnen bekannt war. Eine Abweichung hiervon ist nicht möglich. Es ist daher unbedingt zu raten, dass der jeweilige Vertrag den Eigentümern bei Beschlussfassung vorliegt und dieser in den Beschluss mit einbezogen wird oder die wesentlichen Punkte des Vertrages in dem Beschluss mit aufgelistet werden. Es stellt sich aber die Frage, wieso man nicht dem Verwalter durch Beschlussfassung Weisungen mit auf den Weg gibt und ihn eigenverantwortlich und im Übrigen auch haftend arbeiten lässt.
Gewissen Risiken muss sich der Verwaltungsbeirat nicht unbedingt aussetzen. Dies kann er getrost dem ordentlichen Kaufmann, dem Verwalter, überlassen. Hier passt auch die beratende Funktion des Verwaltungsbeirates wieder sehr gut. Er kann zum Beispiel folgende Formulierungen nutzen:„Ich halte es für sinnvoll, wenn …“ oder „Es ist im Interesse der Eigentümergemeinschaft, wenn …“.

6. Beauftragung von Handwerkern
Einen Fall der Beschlussanfechtung hatte im Jahr 2003 das Kammergericht Berlin zu entscheiden. Hier war zu klären ob ein Beschluss ordnungsgemäßer Verwaltung entspricht, wenn die Eigentümergemeinschaft die Sanierung eines Treppenhauses und den Kostenrahmen selber festlegt, die Auswahl des Unternehmers aus den vorhandenen Kostenangeboten und Einzelheiten des Farbanstriches jedoch dem Verwaltungsbeirat überträgt.
Die Hauptentscheidungen …

- ja wir wollen sanieren
- und es darf die Summe x kosten

… hat die Eigentümergemeinschaft getroffen. Und die Hauptentscheidungen gehören immer in die Eigentümerversammlung. Dem Beirat wurden lediglich Nebenentscheidungen (wer und welche Farbe) übertragen und dies ist zulässig. Hierin liegt eine Konkretisierung der Beratungs- und Unterstützungsfunktion des Verwaltungsbeirates ohne das die Kompetenzen des Verwalters eingeschränkt werden. Die Beauftragung und die Überwachung der Instandhaltungsmaßnahme obliegt weiterhin dem Verwalter. Der Beschluss entspricht damit ordnungsgemäßer Verwaltung und wurde nicht aufgehoben.

Anders ist es, wenn man durch den Beschluss auch die Auftragsvergabe und Überwachung dem Beirat überträgt. Hier wird dann der Verwalter in seinen Aufgaben eingeschränkt und dies entspricht dann nicht mehr der ordnungsgemäßen Verwaltung.

7. Abnahme

Die Abnahme von Handwerks- oder Bauleistungen am Gemeinschaftseigentum ist für den Verwaltungsbeirat wie auch für den Verwalter ein sehr kritischer Punkt. Beide sind in der Regel mit dieser Aufgabe überfordert und haben für diese Leistung keinen Versicherungsschutz im Rahmen der Vermögensschadenhaftpflichtversicherung. Und dies ist für die Eigentümergemeinschaft ein wichtiger Aspekt. Denn bei der Abnahme nicht erkannte Mängel bergen hohe Haftungsrisiken. Und wer hat diese nicht gerne über eine Versicherung abgesichert.
Eine Beschlussfassung zur Übertragung der Abnahme auf Beirat und Verwalter dürfte möglich sein, sollte jedoch von Verwalter und Verwaltungsbeirat abgelehnt werden. Vielmehr sollte die Eigentümergemeinschaft einen externen Fachmann, der dann auch haftet, mit der Aufgabe betrauen. Selbst der Verwalter dürfte in der Regel mit der Abnahme des Gemeinschaftseigentums überfordert sein, wenn er nicht selbst Bauingenieur oder Architekt ist. Baumängel sind oft mit dem bloßen Auge nicht zu erkennen und bedürfen eines sehr großen Fachwissens und einer reichhaltigen Erfahrung.
Hier drohen bei Nichterkennen von Baumängeln Haftungsrisiken mit sehr großen Summen, die nicht von der Vermögensschadenshaftpflichtversicherung des Verwalters abgedeckt sind! Dieses Risiko ist unbedingt zu bedenken.

Praxistipp

Verwalter und Verwaltungsbeirat sollen sich im Vorfeld intensiv über das Thema der Bauabnahme unterhalten. Zusammen mit dem Verwalter oder auf seine Empfehlung hin sollten Angebote eingeholt und Gespräche mit Architekten oder Sachverständigen geführt werden. So kann die Eigentümerversammlung und ein Beschluss zur Beauftragung sinnvoll vorbereitet werden.

8. Zustimmung zur Rücklagenentnahme

Durch Beschluss kann der Verwaltungsbeirat ermächtigt werden, dass der Verwalter über die Rücklagenkonten nur gemeinsam mit ein, zwei oder drei Beiräten verfügen kann.
Dies kann gerade in der Anfangsphase einer Geschäftsbeziehung zu einem neuen Verwalter für die Eigentümergemeinschaft als Schutz dienen und ist der einfachste und günstigste Mechanismus, das Rücklagenvermögen der Eigentümergemeinschaft vor einem unberechtigten Zugriff zu schützen.
Hierbei sollte man jedoch beachten, dass neben dem Verwalter mehrere Personen / Beiräte zusammen unterschriftsberechtigt sind. Ist nur ein Beirat zusammen mit dem

Verwalter unterschriftsberechtigt, so kann es zu Verzögerungen bei der Zahlung kommen, wenn der Beirat z.B. im Urlaub oder Krankenhaus ist. Man sollte darauf achten, dass die ausgesuchte Regelung auch praktikabel bleibt.

c) Die Verwaltungsbeiratssitzung

Damit der Verwaltungsbeirat seine gesetzlichen Aufgaben, die Aufgaben gemäß Gemeinschaftsordnung oder die ihm durch Beschluss übertragenen Aufgaben erfüllen kann, muss er im Rahmen von Beiratssitzungen zusammen kommen. Doch wer beruft Beiratssitzungen ein und wie laufen diese ab?

1. Einberufung

Der Vorsitzende des Verwaltungsbeirates beruft die Sitzungen bei Bedarf ein.
Dies ist in § 29 Absatz 4 WEG geregelt. Dieses dürfte mindestens einmal im Jahr der Fall sein, wenn die Rechnungsprüfung durchzuführen ist. In der Regel wird sich der Verwaltungsbeirat aber öfter treffen.
Häufig ist es sinnvoll, wenn der Beirat sich in regelmäßigen Abständen trifft. Der Turnus wird sich nach der Größe der Wohnanlage bestimmen. So kann man z.B. bei größeren Wohnanlagen einen bestimmten Tag festlegen (z.B. 1. Donnerstag im Quartal oder dergleichen).
Ist kein Vorsitzender bestimmt, weigert sich dieser oder ist er verhindert, so kann auch jedes weitere Beiratsmitglied zu einer Sitzung einladen.
Der Verwaltungsbeirat kann diese Aufgabe auch dem Verwalter übertragen und diesen beauftragen, zu den Sitzungen des Verwaltungsbeirates einzuladen. Das spart für den Verwaltungsbeirat Zeit, Kosten und Aufwand.

2. Form der Einladung

Es bestehen keine gesetzlichen Formvorschriften für die Einladung. Wenn keine Geschäftsordnung für den Verwaltungsbeirat vorhanden ist, so können meines Erachtens die Regeln zur Einberufung einer Eigentümerversammlung angewendet werden.
Hier ist es aber wichtig, dass man die Beiratstätigkeit nicht zu formalistisch betreibt und dadurch hemmt.

Praxisbeispiel

Von einem dreiköpfiger Beirat treffen sich zufällig zwei Beiräte vor dem Haus und sprechen kurz einen Termin zur nächsten Beiratssitzung ab. Abends wird der dritte Beirat durch Sprechen einer Mitteilung auf den Anrufbeantworter informiert.
Ist damit formgerecht eingeladen?

Ich bin mir sicher, dass viele Einladungen zu Beiratssitzungen so oder ähnlich geschehen. Von daher ist, um Klarheit zu schaffen, eine Geschäftsordnung für den Beirat sinnvoll. Darin kann die Einladung geregelt werden. Ansonsten empfiehlt sich die Wochenfrist unter schriftlicher Bekanntgabe der Tagesordnung analog zur Eigentümerversammlung. Ein Verstoß hat jedoch auch keine Auswirkungen, da die Beschlüsse des Verwaltungsbeirates nicht angefochten werden können.

Hält der Verwaltungsbeirat eine sogenannte Routinesitzung ab, so ist auch keine Tagesordnung erforderlich. Eine Routinesitzung ist eher ein zwangloses Treffen, bei dem man allgemein über die Wohnanlage spricht und sich Gedanken macht.

3. Leitung der Sitzung

Die Sitzungen werden vom Verwaltungsbeiratsvorsitzenden geleitet. Ist kein Vorsitzender bestimmt, weigert sich dieser oder ist dieser verhindert, so kann auch jedes weitere Beiratsmitglied die Sitzung leiten. Dies sollte durch Einigung mit den anderen Beiräten oder Beschlussfassung erfolgen.
Wenn man von Leitung der Sitzung spricht, so sollte man wohl eher an eine Moderation denken. Wir müssen immer bedenken, dass Miteigentümer für die Gemeinschaft Freizeit opfern und der Umgang in der Freizeit ein anderer ist als im Geschäftsleben oder vielleicht im Vereinswesen. Es muss Spaß machen, im Beirat und für die Gemeinschaft zu arbeiten und beraten zu können bzw. zu dürfen.

4. Beschlussfähigkeit

Der Verwaltungsbeirat ist beschlussfähig, wenn mehr als die Hälfte seiner Mitglieder anwesend ist. Gezählt wird nach dem Kopfprinzip. Geht man vom Standardbeirat mit drei Personen aus, so ist es sinnvoll, wenn mindestens zwei Beiräte an der Sitzung teilnehmen.

5. Abstimmung

Jeder Verwaltungsbeirat hat eine Stimme nach dem Kopfprinzip. Abgestimmt wird per Akklamation (per Handzeichen). Auf Wunsch eines Verwaltungsbeirates sollte auch geheim abgestimmt werden können.

6. Bevollmächtigung / Vollmachtserteilung

Das Amt des Verwaltungsbeirates ist ein persönliches Amt, dass nicht per Vollmacht oder sonstiger Willenserklärung übertragbar ist. Ist ein Beirat verhindert, kann seine Stimme bei der Sitzung nicht gezählt werden. Eine Vollmacht kann somit nicht erteilt werden.

7. Teilnahmeberechtigung an den Sitzungen

Jedes Beiratsmitglied ist berechtigt, an den Sitzungen des Verwaltungsbeirates teilzunehmen. Ansonsten kann es die ihm übertragenen Aufgaben nicht wahrnehmen.
Dritte (andere Wohnungseigentümer, der Verwalter oder Handwerker etc.) können an den Sitzungen teilnehmen, sofern der Verwaltungsbeirat dieses zulässt. Häufig ist es aus sachlichen Gründen sinnvoll, wenn der Beirat die Sitzungen zusammen mit dem Verwalter durchführt.
Eine gemeinsame Sitzung hat den Vorteil, dass offene Punkte gleich besprochen werden und Fragen beantwortet werden können. Das verkürzt so manchen Weg. Findet die Sitzung im Büro der Verwaltung statt, so kann auch gleich auf die Verwaltungsunterlagen zurück gegriffen werden. Zu beachten ist hierbei jedoch, dass man die Teilnahme des Verwalters an den Beiratssitzungen hinsichtlich der Vergütung des Verwalters im Verwaltervertrag regelt. Häufig sind ein bis zwei Sitzungen im Jahr in der pauschalen Vergütung enthalten und weitere werden separat berechnet.

Auch sollte man den Verwalter nicht über das erforderliche Maß hinaus strapazieren. Ein guter Verwalter hat eine ausreichende Zahl an Abendterminen auf Grund seiner Eigentümerversammlungen. Wenn sich jeder Beirat zwei- bis dreimal im Jahr mit ihm treffen möchte, könnte das seinen Terminkalender sprengen. Nimmt der Verwalter nicht an einer Beiratssitzung teil, so ist der Verlauf in jedem Fall von einem Beirat mit ihm zu besprechen. Hier muss unbedingt Kommunikation stattfinden, damit kein Sand ins Getriebe kommt. Erfährt der Verwalter nichts von der Sitzung des Beirates, so kann er dessen Empfehlungen nicht beachten. Die Kommunikation kann auch durch Übersendung eines Protokolls stattfinden.

8. Protokoll

Die Fertigung eines Protokolls / Niederschrift ist gesetzlich nicht vorgeschrieben, zur Dokumentation der Arbeit des Verwaltungsbeirates aber unbedingt sinnvoll. Das Protokoll ist vom Sitzungsleiter und Protokollführer zu unterzeichnen, kann aber auch von allen Beiräten unterschrieben werden. Das Protokoll sollte dem Verwalter zu den Verwaltungsunterlagen übergeben werden. So ist der Verwalter informiert und kann bei Interesse einzelnen Wohnungseigentümer Kopien der Protokolle, Abschriften aus den Verwaltungsunterlagen, fertigen. Das Protokoll kann ein reines Ergebnisprotokoll sein. Das heißt, die Feststellungen und Beschlüsse des Verwaltungsbeirates werden festgehalten.
In einem Verlaufprotokoll wird der gesamte Sitzungsverlauf mit den Wortbeiträgen festgehalten. Dies erscheint hier nicht sinnvoll und angemessen. Ein kurzes Ergebnisprotokoll ist ausreichend.

d) Das Verhältnis Verwalter – Verwaltungsbeirat

Auf den vorangegangen Seiten wurde schon öfter auf das Verhältnis zwischen Verwalter und Beirat eingegangen. Hier soll diesem wichtigen Bereich etwas mehr Aufmerksamkeit geschenkt werden.
Das Zusammenwirken des Verwalters mit dem Beirat bringt den Vorteil, dass der Verwalter bestmöglich die Interessen der Eigentümer bei seiner Arbeit berücksichtigt. Handlungsbedarf, Ideen, Anregungen werden dem Verwalter über den Beirat zugetragen. Eigentümer und Beiräte sind täglich in der Wohnanlage und bemerken so manches schneller als der Verwalter dies mit regelmäßigen Objektkontrollen überhaupt kann. Zielvorstellungen der Eigentümer können ebenfalls durch den Beirat formuliert werden. So werden unnötige – weil in die falsche Richtung gehende – Entscheidungsvorbereitungen vermieden. Die Verwaltung kann effektiver arbeiten.
Ein mit dem Beirat abgestimmtes Handeln des Verwalters wird selten dem Vorwurf begegnen, der Verwalter handle eigenmächtig oder gar gegen die Eigentümergemeinschaft. Wie intensiv sich der Kontakt zwischen Verwalter und Beirat tatsächlich gestaltet, wird sich in der Praxis zeigen und hängt von den jeweils Beteiligten ab.
Gesetzliche Vorgaben über die Intensität der Zusammenarbeit gibt es nicht; sie kann aber im Verwaltervertrag, der Gemeinschaftsordnung oder durch Beschluss geregelt werden. Darin kann der Verwalter auch verpflichtet werden, dem Verwaltungsbeirat regelmäßig Kopien über laufende Vorgänge zu übermitteln. Diese Aufgabe und deren Vergütung sollten im Verwaltervertrag geregelt werden. Wenn es dem Verwalter aus

nachvollziehbaren Gründen nicht mehr möglich ist, mit dem Beirat oder einzelnen Mitgliedern des Beirates zusammenzuarbeiten, weil persönliche Spannungen vorhanden sind, hat der Verwalter die Möglichkeit, sein Amt niederzulegen oder die neue Wahl des Verwaltungsbeirates in anderer Zusammensetzung anzuregen.
In jedem Fall ist es für Verwalter und Beirat wichtig, in einem angenehmen Verhältnis zu arbeiten. Der Verwalter sollte seine Vergütung für eine Arbeit bekommen, die ihm Spaß macht und kein Schmerzensgeld für die vielen Magengeschwüre darstellt. Es ist auch im Interesse der Eigentümergemeinschaft, dass beide gut zusammen arbeiten, da ansonsten das Wohl der Gemeinschaft auf der Strecke bleibt.
Und nun etwas Psychologie für die Verwaltungsarbeit: In einer Eigentümergemeinschaft darf es nach Möglichkeit keine Sieger und keine Besiegten geben. Denn auch derjenige, der bei einer hart geführten Auseinandersetzung zum Beispiel vor dem Wohnungseigentumsgericht obsiegt, wird auf die Dauer leicht zum Verlierer, weil er weiter in der Wohnanlage mit den gegenwärtigen „Verlierern" zusammenleben muss. Die Niederlage in einem Rechtsstreit motiviert unterliegende Miteigentümer, es dem Sieger bei anderer Gelegenheit heimzuzahlen. In jeder Wohnungseigentümergemeinschaft sind dazu ausreichend Möglichkeiten vorhanden. Wohnungseigentümergemeinschaften bilden ein komplexes Beziehungsgefüge sowohl der Wohnungseigentümer untereinander als auch der Eigentümer zum Verwalter. Der Verwaltungsbeirat kann hier wesentliche Mitarbeit leisten und die Verwaltung unterstützen oder im schlimmsten Falle alle Untugenden der Vereinsmeierei wohnungseigentumsrechtlich umsetzen.

e) Vergütung, Spesenersatz

Das Amt des Verwaltungsbeirates ist grundsätzlich ein Ehrenamt. Anspruch auf eine Vergütung besteht nicht. Hier passt der Spruch „Viel Arbeit, viel Ehr – aber wenig Brot". Ich kenne keine Verwaltungsbeiräte, die bei der Eigentümergemeinschaft angestellt sind. Ein Verwaltungsbeirat kann eine pauschale Vergütung bekommen. Diese muss jedoch beschlossen werden oder in der Gemeinschaftsordnung geregelt sein. Die Vergütung wird nicht an Arbeitsstunden gemessen, sondern an Aufwendungen die ein Verwaltungsbeirat hat. Dies sind zum Beispiel:

- Kosten für Porto
- Kosten für Telefonate
- Verbrauchsmaterial im Bürobereich
- sonstige Aufwendungen

So ist hier richtigerweise von einem pauschalen Aufwendungsersatz zu sprechen. Der Verwaltungsbeirat muss seine Unkosten nicht mit Belegen nachweisen, sondern enthält eine pauschale Summe, die alles abdeckt. Dies ist für beiden Seiten der Weg mit dem geringsten Verwaltungsaufwand. Man muss hier nur die richtige Höhe der Pauschale definieren bzw. ermitteln.
Die Pauschale kann in einem durch Beschluss zu definierenden Intervall ausbezahlt werden. Alle Varianten von monatlich über quartalsweise bis halbjährlich oder jährlich sind möglich. Welches Intervall gewählt wird, bleibt den Eigentümern überlassen.

Ein pauschaler Aufwendungsersatz muss nicht in Geld ausbezahlt werden. Er kann auch in Form eines Essengutscheins, einer Kiste guten Rotweins oder ähnlichem erfolgen. Der Spesen- oder Aufwendungsersatz unterscheidet sich vom pauschalen Aufwendungsersatz dadurch, dass er nach Beleg abgerechnet wird. Das Recht auf Aufwendungsersatz ergibt sich aus dem Bürgerlichen Gesetzbuch (BGB). Auch ohne Beschluss kann das Mitglied des Verwaltungsbeirates gemäß § 670 BGB den Ersatz seiner Aufwendungen verlangen.

Welche Aufwendungen fallen hierunter? Dies sind:

- Telefonkosten im Einzelnachweis
- Portokosten nach Beleg
- Fahrtkosten nach Beleg
- Literaturkosten für Fachbücher nach Beleg
  (so zum Beispiel die Kosten dieses Buches – haben Sie den Beleg noch?)
- Fachzeitschriften oder Beiratsinformation im Abo nach Beleg,
  (siehe hierzu das Kapitel Literaturhinweise)

Wichtig ist jedoch immer, dass die Abrechnung nur aufgrund einer Rechnung oder Quittung, sprich eines Beleges erfolgen kann.
Beim Buch oder Seminar ist das noch relativ unkompliziert. Schwieriger wird es bei Porto und Telefonkosten. Dafür wird man einen Einzelnachweis führen und den Beleg so gestalten müssen, dass dieser nachvollziehbar und überprüfbar wird. D.h. man sollte bei einem Portobeleg auf die Rückseite schreiben, welcher Brief das war und an wen er ging. Kauft man einmal mehrere Briefmarken, so empfiehlt es sich, eine Liste über die Briefmarkenverwendung zu führen und diese dem Beleg beizulegen. Bei der Telefonrechnung kann man heute einen Einzelnachweis führen und die Telefonkosten so darstellen und nachweisen. Aber dies ist ein erheblicher Aufwand. Manch einer stellt sich sicher die Frage, ob die paar Euros den Zeitaufwand rechtfertigen. Hier bietet sich dann der pauschale Aufwendungsersatz an.
Auch dieses Thema hat die Rechtsprechung schon beschäftigt. So entschied das Berliner Kammergericht (24 W 194/02), dass die Gewährung einer jährlichen Vergütung von 500,00 Euro für den Vorsitzenden des Verwaltungsbeirates nicht den Grundsätzen ordnungsgemäßer Verwaltung entspricht. Die Mitglieder des Beirates sollen grundsätzlich unentgeltlich tätig werden. Soll hiervon abgewichen werden, müssen besondere Umstände vorliegen. Das Kammergericht erkennt lediglich den Ersatz für pauschalierte Aufwendungen an. Damit befindet es sich im Einklang mit der ganz überwiegenden Meinung in Rechtsprechung und Literatur. Die Begründung des Beirates, es handele sich um eine äußerst schwierige und zerstrittene Wohnungseigentümergemeinschaft, ließen die Berliner Richter nicht gelten

a) Die Haftung gegenüber der Eigentümergemeinschaft

Während früher die Haftung der Verwaltungsbeiratsmitglieder vereinzelt gänzlich abgelehnt wurde, besteht heute übereinstimmend die Ansicht, dass eine Haftung gegenüber den anderen Mitgliedern der Gemeinschaft bestehen kann. Hierzu finden wir keinen Paragraphen im WEG, sondern im Bürgerlichen Gesetzbuch (BGB) und zwar zum Auftragsrecht in § 662 BGB. Dieser Paragraph findet Anwendung, wenn die Mitglieder des Beirats unentgeltlich oder nur gegen Zahlung einer Aufwandsentschädigung tätig sind. Das dürfte regelmäßig der Fall sein.
Liegt eine bezahlte Tätigkeit und damit ein Dienst- oder Werkvertragsverhältnis vor, ergibt sich die Haftung aus den Regeln der §§ 611, 675 BGB. Eine Haftung der Beiratsmitglieder erfordert zunächst bei der Wohnungseigentümergemeinschaft den Eintritt eines Schadens. Dieser ist im Einzelfall zu ermitteln. Darüber hinaus muss die Handlung oder das Unterlassen der Mitglieder des Verwaltungsbeirats für den Eintritt des Schadens auch kausal sein. Liegt dieser Zusammenhang nicht vor, scheiden Ansprüche bereits aus. Eine Haftung kommt ebenfalls nur bei Vorliegen eines Verschuldens in Betracht. Doch was ist nun ein Verschulden des Verwaltungsbeirates? Verschulden liegt vor, wenn eine vorsätzliche sowie grob oder leicht fahrlässige Verhaltensweise gegeben ist (§ 276 BGB).
Juristen sagen: Während der Vorsatz die gewollte und bewusste Herbeiführung eines rechtswidrigen Erfolges ist, stellt die Fahrlässigkeit die Außerachtlassung der im Verkehr erforderlichen Sorgfalt dar. Vorsätzlich bedeutet also nichts anderes, als „absichtlich rechtswidrig". Fahrlässig bedeutet dagegen „nicht so sorgfältig, wie zu erwarten."
Die Haftung für vorsätzliches Handeln ist unproblematisch. Eine Einstandspflicht wird stets gegeben sein.
Im Rahmen der Fahrlässigkeit stellt sich das Problem, welcher Maßstab im Hinblick auf die zu beachtenden Sorgfaltspflichten anzuwenden ist. Zutreffend dürfte zunächst die Ansicht sein, dass zwischen einer unentgeltlichen und einer bezahlten Tätigkeit insoweit die Unterscheidung zu treffen ist, als dass bei einer bezahlten Tätigkeit die Maßstäbe strenger angesetzt werden können.
Im Bereich der unentgeltlichen Tätigkeit der Mitglieder des Verwaltungsbeirats gehen die Meinungen, welcher Maßstab bei der Beachtung der im Verkehr erforderlichen Sorgfalt anzusetzen sind, weit auseinander. Die Auffassungen reichen von einem niedrigen Ansatz über die Anwendung der Grundsätze über die Sorgfalt eines ordentlichen Kaufmannes bis zur Notwendigkeit des Einsatzes berufsspezifischer Kenntnisse des einzelnen Beiratsmitgliedes. Nach meiner Ansicht muss man hier die speziellen Kenntnisse des Verwaltungsbeirates in Betracht ziehen. Diese sind:

- Dauer der Beiratstätigkeit und damit Erfahrung
- Berufliche Ausbildung und Werdegang
- Fortbildungen

Wer eine Beiratstätigkeit übernimmt, muss wissen, dass er diese Tätigkeit auch für die anderen Wohnungseigentümer übernimmt und die Aufgaben sorgfältig wahrnehmen muss.

Auf persönliche oder fachliche Defizite kann sich das Beiratsmitglied grundsätzlich nicht berufen. Wenn man sich den Beiratsaufgaben nicht gewachsen fühlt, darf man sich nicht wählen lassen oder muss von dem Amt zurücktreten.
Die Frage wird also vor dem jeweiligen besonderen Hintergrund des Beirates zu beantworten sein. Ist der Verwaltungsbeirat von Beruf Rechtsanwalt, Steuerberater oder sogar Wirtschaftsprüfer, so werden bei ihm engere Maßstäbe anzulegen sein. Hier handelt es sich aber immer um eine Einzelfallentscheidung.

b) Haftungsbefreiung

Eine Haftungsbefreiung ist grundsätzlich möglich. Die Haftungsbefreiung des Beirats durch die Gemeinschaft erfolgt durch Beschlussfassung. Doch in welchem Rahmen, mit welcher Mehrheit, kann die Eigentümergemeinschaft diese beschließen?
Die Geltendmachung von Schadensersatzansprüchen gegen den Verwaltungsbeirat bedarf eines Mehrheitsbeschlusses.
Kann die Gemeinschaft entscheiden, Schadensersatzansprüche nicht gegen den Beirat geltend zu machen, muss sie auch dessen Mitglieder auf gleichem Wege von der Haftung freistellen können.
Bedenken habe ich gegen eine nachträgliche Haftungsbefreiung der Verwaltungsbeiratsmitglieder. Darin kann ein Verstoß gegen den Grundsatz der ordnungsgemäßen Verwaltung im Sinne des § 21 Abs. 4 WEG gesehen werden.
Denn jeder Eigentümer kann nach diesem Grundsatz verlangen, dass Forderungen der Gemeinschaft geltend gemacht werden. Ein Beschluss, der die Geltendmachung von Forderungen ablehnt, wenn nicht ausnahmsweise rechtfertigende Gründe vorliegen, entspricht nicht den Grundsätzen des § 21 Abs. 4 WEG.

c) Die Haftung gegenüber dritten Personen Teilrecht / Verpflichtung

Für die vertragliche oder gesetzliche Haftung der Beiratsmitglieder gegenüber dritten Personen gelten nach übereinstimmender Auffassung die allgemeinen Bestimmungen, so dass auf diese in Bezug einer beiratsspezifischen Haftung nicht eingegangen zu werden braucht.
Hinzuweisen ist aber auf die Haftung des Vertreters ohne Vertretungsmacht nach § 179 BGB. Dabei handelt es sich um eine verschuldensunabhängige Garantiehaftung, die auf dem Gedanken beruht, dass der Vertragspartner aus dem enttäuschten Vertrauen auf die Vertretungsmacht abgesichert werden soll. Rechtsfolge des § 179 BGB ist, dass der Vertreter ohne Vertretungsmacht nach Wahl des Geschädigten auf Schadensersatz oder Erfüllung haftet.
Für die Mitglieder des Verwaltungsbeirats bedeutet dies, dass sie gegenüber dritten Personen dafür einzustehen haben, wenn bei diesen dadurch ein Schaden eintritt, dass sie auf eine Vollmacht des Beirats zur Vornahme von Rechtshandlungen für die Gemeinschaft vertrauen durften. Der Verwaltungsbeirat sollte daher mit Dritten nur dann Rechtsgeschäfte abschließen oder solche Abschlüsse anbahnen, wenn eine entsprechende Beauftragung durch die Gemeinschaftsordnung oder durch eine Beschlussfassung

gewährleistet ist. Beauftragt zum Beispiel der Verwaltungsbeirat bei einem gerichtlichen Verfahren einen Rechtsanwalt mit der Vertretung der Mitglieder der Wohnungseigentümergemeinschaft, hat er für dessen Gebühren in vollem Umfang einzustehen.

d) Die Haftung der Gemeinschaft für den Beirat

Unstreitig in Rechtsprechung und Literatur ist, dass die Wohnungseigentümergemeinschaft für die Handlungen des Beirates und seiner Mitglieder in Ausübung dieser Amtstätigkeit einzustehen hat. Eine Haftung der Gemeinschaft nach der Regelung des § 31 BGB scheidet jedoch aus, da es sich bei dem Verwaltungsbeirat nicht um ein Organ im Sinne dieser Vorschrift handelt.
Im vertraglichen Bereich hat die Wohnungseigentümergemeinschaft nach § 278 BGB für ein Verschulden des Verwaltungsbeirats einzustehen. Der Beirat ist ihr Erfüllungsgehilfe, worunter derjenige zu verstehen ist, der nach den tatsächlichen Verhältnissen mit dem Willen der Eigentümergemeinschaft dieser bei der Erfüllung ihrer Verbindlichkeiten behilflich ist. Die Einordnung des Beirates als Erfüllungsgehilfe ist möglich, wenn dieser gegenüber dritten Personen für die Wohnungseigentümergemeinschaft auftritt. Da für die Einordnung als Erfüllungsgehilfe eine Weisungsgebundenheit nicht erforderlich ist, kommt eine Haftung nach § 278 BGB auch in Betracht, wenn der Beirat und seine Mitglieder aus eigener Verantwortung für die Gemeinschaft tätig wurden.

e) Die Entlastung des Verwaltungsbeirates

Die Entlastung kann ein heißes Thema auf Eigentümerversammlungen sein. Hier wird ausgepackt und endlich einmal die Meinung gesagt. Und oft kommt gleich die Drohung: ... dann entlasten wir nicht. Doch was ist die Entlastung überhaupt. Was bedeutet Sie? Was geschieht, wenn die Entlastung versagt wird? Die Entlastung sagt, ich billige all das Handeln, was ich heute kenne oder hätte kennen müssen und nehme dich dafür nicht in die Haftung – sprich: Ich mache dir gegenüber keinen Schadensersatz geltend. Auf einen Entlastungsbeschluss hat der Verwaltungsbeirat keinen Anspruch. Aber er sollte ihn jährlich zusammen mit dem Verwalter in die Tagesordnung aufnehmen, damit die Eigentümergemeinschaft hierüber beschließen und durch einen Entlastungsbeschluss dem Verwaltungsbeirat das Vertrauen aussprechen und sein Handeln billigen kann. Wird nicht entlastet, geschieht erst einmal gar nichts. Es besteht dann nur grundsätzlich die Gefahr, dass man noch für sein Handeln in die Haftung genommen wird. Hat man sich nichts zu Schulden kommen lassen, so kann man dies sehr gelassen sehen. Für viele Beiräte hat der Entlastungsbeschluss einen subjektiven und ideellen Hintergrund. Er ist der Applaus und der Vertrauensbeweis der Eigentümergemeinschaft. Dies ist rechtlich zwar nicht zutreffend, aber für Beiräte häufig ein wichtiges Moment. Für den Verwaltungsbeirat ist es in rechtlicher Sicht eine „Haftungsbefreiung“.
Interessant ist hier die Frage: Welches Handeln kannten die Eigentümer bei der Beschlussfassung oder hätten sie kennen können. Hier muss ermittelt werden, was in der Nebenkostenabrechnung enthalten war, was im Bericht von Verwaltung und Beirat erwähnt worden ist, was in den Eigentümerversammlungen behandelt worden ist oder für

die Eigentümer ersichtlich war. Dies wird immer eine Einzelfallprüfung sein.
Daher sind Tagesordnungspunkte auf der Eigentümerversammlung von besonderer Bedeutung. Wenn den Eigentümern über Vorgänge richtig berichtet worden ist, diese hingenommen bzw. akzeptiert werden und der Beirat dann entlastet wird, wird daraus kaum eine Haftung erwachsen können.

Aus der Praxis ist zu berichten, dass es mittlerweile auch öfters zu Beschlussanfechtungsverfahren kommt, in denen die Entlastung des Verwaltungsbeirates angefochten wird. Sofern hier nur eine „Abrechnung" zwischen Eigentümern und Verwaltungsbeirat verfolgt wird – ist dies der Sache nicht dienlich. Engagierte und gute Beiräte zu finden ist heute schon schwierig. Und über Gerichtsverfahren löst man keine Konflikte – man produziert nur neue.

Praxisbeispiele

Abschluss des Verwaltervertrages

Anlässlich der Bestellung des Verwalters wurde der Verwaltungsbeirat beauftragt, den Verwaltervertrag auszuhandeln und hierbei die Verfügungsbefugnis des Verwalters über die Festgeldkonten der Wohnungseigentümer so zu beschränken, dass er nur zusammen mit einem Verwaltungsbeirat darüber verfügen kann. Der Aufgabe hat der Beirat aber nicht entsprochen, sondern gemäß dem abgeschlossenen Vertrag konnte der Verwalter alleine verfügen. In der Folge veruntreute der Verwalter Gelder. Nachdem der Geschäftsführer der Verwalter GmbH tödlich verunglückte und über die GmbH das Insolvenzverfahren eröffnet wurde, teilte der Insolvenzverwalter mit, dass mit einer Quote für die Eigentümergemeinschaft nicht zu rechnen sei. Das OLG Düsseldorf hat den nicht der Vorgabe der Wohnungseigentümer entsprechenden Abschluss des Verwaltervertrages als Pflichtverletzung bewertet und das Verhalten des Verwaltungsbeirates als grob fahrlässig eingestuft.
Eine weitere schuldhafte Pflichtverletzung der Mitglieder des Verwaltungsbeirates hat das Gericht in der Art der Überprüfung der Jahresabrechnung gesehen. Dort wurden Rücklagen ausgewiesen, die tatsächlich nicht mehr vorhanden waren. Der Verwaltungsbeirat hatte die Kontoauszüge nicht eingesehen bzw. sich die Originale nicht vorlegen lassen. Dieses Verhalten wurde als grob fahrlässig gewertet.
Da beide Pflichtverletzungen für den Schaden ursächlich waren, der den Wohnungseigentümern entstanden ist, wurde der Verwaltungsbeirat zur Zahlung des Schadens verpflichtet. Der der Eigentümergemeinschaft entstandene Schaden belief sich auf insgesamt ca. 165.000 Euro. Insoweit haften die einzelnen Beiratsmitglieder auf Grund individuellen Verschuldens als Gesamtschuldner (gemäß §§ 421, 425 Absatz 2 BGB) in voller Höhe.

Haftung des Beirats wegen provozierter Kündigung des Verwalters

Im BGB gibt es den Fall der positiven Vertragsverletzung (§ 628 Absatz II BGB). Meiner Darstellung zu Grunde liegt ein Fall vom Bayrischen Obersten Landesgericht (DWE 2001, 45, 47). Diese Schadensnorm wurde in dem Fall aus dem Jahre 1999 zu Lasten eines Beiratsmitgliedes angewendet, das die fristlose Amtsniederlegung und Verwaltervertragskündigung des WEG-Verwalters durch wiederholte schriftliche beleidigende und herabsetzende Äußerungen gegenüber dem Geschäftsführer der Verwalterin ausgelöst hatte. Im Laufe der Zeit war es zu tiefgreifenden Meinungsverschiedenheiten zwischen der Verwalterin und zwei Mitgliedern des Verwaltungsbeirates gekommen. Ein Verwaltungsbeirat hatte sich schriftlich in den Jahren 1994 bis 1997 abfällig und beleidigend gegenüber der Verwaltung geäußert und unter anderem die „großkotzige Unterschrift" und die „Gutsherrenart" des Geschäftsführers der Verwalterin beanstandet. Die von der Verwaltung verlangte Abwahl des Verwaltungsbeirates fand in der Eigentümerversammlung keine Mehrheit. Daraufhin erklärte die Verwalterin, sie lege auf Grund des Abstimmungsergebnisses die Ausübung des Verwalteramtes aus wichtigen Gründen fristlos nieder. In dem sich anschließenden Wohnungseigentumsverfahren hat das Bayerische Oberste Landesgericht in dieser Erklärung des Verwalters gleichzeitig die außerordentliche Kündigung des Verwaltervertrages gesehen und das betreffende Beiratsmitglied dazu verpflichtet, den der Verwalterin durch die vorzeitige Kündigung des Vertrages entstandenen Verdienstausfall zu ersetzen.

Weitere Haftungsmöglichkeiten
Abgesehen von diesen beiden Haftungsfällen sind Pflichtwidrigkeiten von Verwaltungsbeiräten besonders risikoträchtig bei:

- Abnahme von Werkleistungen
- Zustimmung von Geldverfügungen des Verwalters
- Zustimmung zur Veräußerung von Wohneigentum
- Zustimmung zu baulichen Veränderungen

Die beiden letzten Punkte müssen dem Verwaltungsbeirat jedoch im Rahmen seiner Aufgaben in der Gemeinschaftsordnung der Eigentümergemeinschaft übertragen worden sein. Ist dies nicht der Fall, gehören sie nicht zu seinen Aufgaben und er trägt dann auch kein Risiko, wenn er nicht tätig wird.

f) Versicherungsmöglichkeit

Wie oben besprochen haben die Verwaltungsbeiräte ein Haftungsrisiko. Möglich ist der Abschluss einer Versicherung. Das hat den Vorteil, dass im Schadensfall das Risiko des Schadens auf einen Versicherer abgewälzt werden kann. Über eine Versicherung kann jedoch nur fahrlässiges Handeln abgesichert werden. Vorsätzliches Handeln ist nicht versicherbar, § 61 Versicherungsvertragsgesetz.

Für Verwaltungsbeiräte kommt speziell folgende Versicherung in Betracht:
Die Berufs- / Vermögenshaftpflichtversicherung für Verwaltungsbeiräte.
Diese Versicherung umfasst:

- Versicherungsschutz für die Tätigkeit als Verwaltungsbeirat gemäß § 29 WEG
- Ansprüche der Wohnungseigentümergemeinschaft sind auch dann mit versichert, wenn dem einzelnen Verwaltungsbeirat Miteigentumsanteile an der Wohnanlage gehören, auf die sich die abgeschlossene Versicherung bezieht.

Die Deckung erstreckt sich jedoch nicht auf die Quote des Schadens, die dem Miteigentumsanteil des einzelnen Verwaltungsbeirates an dem Gesamtobjekt entspricht (quotieller Eigenschaden).

Die Versicherung umfasst folgende Leistungen:

- a) Vermögenschadenhaftpflichtversicherung
- b) Berufs-Haftpflichtversicherung

Die Prämien bewegen sich je nach Versicherungssumme zwischen 60 und 250 Euro für das gesamte Gremium.

Wer sich mit Eigentümergemeinschaften intensiv befasst, kann gelegentlich meinen, dass es in Deutschland eine hohe Streitkultur gibt und alles in Wohnungseigentumssachen einer gerichtlichen Überprüfung zugeführt werden muss. Das gilt natürlich auch für den Abschluss einer Vermögensschadenshaftpflichtversicherung für Verwaltungsbeiräte.

Was war passiert? Anlässlich der Bestellung eines neuen Verwaltungsbeirates beschlossen die Wohnungseigentümer mehrheitlich, eine Vermögensschadenshaftpflichtversicherung für den Verwaltungsbeirat abzuschließen. Der den Beschluss anfechtende Eigentümer hat vorgetragen, bei der unentgeltlichen Tätigkeit des Verwaltungsbeirates sei der Abschluss einer Vermögensschadenshaftpflichtversicherung nicht erforderlich.
Das Berliner Kammergericht (NZM 2004, 743) ist der Meinung, dass es im Interesse der Gewinnung von Wohnungseigentümern für die Aufgaben des Verwaltungsbeirates regelmäßig nicht ordnungsgemäßer Verwaltung widerspricht, im Zusammenhang mit der konkreten Bestellung eines Verwaltungsbeirates als nähere Ausgestaltung des Beiratsvertrages den Abschluss einer Vermögensschadenshaftpflichtversicherung für den Beirat auf Kosten der Eigentümergemeinschaft zu beschließen. Die Wohnungseigentümer seien daran interessiert, geeignete Verwaltungsbeiräte zu gewinnen, die sich nicht durch mögliche Haftungsrisiken abschrecken ließen und den erforderlichen Entscheidungen auch nicht deshalb auswichen, weil eine Fehlbeurteilung mit der Folge einer möglichen Schadensersatzpflicht nicht auszuschließen sei. Die Beschlusskompetenz der Eigentümer aus § 29 WEG decke das Vorgehen, weil die Risikovorsorge regelmäßig ordnungsgemäßer Verwaltung des gemeinschaftlichen Eigentums entspreche. Die Tätigkeit der Beiratsmitglieder werde nämlich gefördert, wenn sie sicher sein könnten, zumindest bei einem fahrlässigem Fehlverhalten, wie es immer einmal vorkommen könnte, maximal mit dem Versicherungs-Eigenschadenanteil zu haften. Der Abschluss einer Haftpflichtversicherung sei auch schon deswegen nützlich, weil er der Gemeinschaft die Gewissheit gebe, dass eine solvente Versicherung hinter dem Schädiger stehe und der Schaden damit zumindest in der Höhe der Versicherungssumme reguliert werden könne.

Sollten Sie in ihrer Eigentümergemeinschaft Probleme mit dem Abschluss einer Vermögensschadenhaftpflichtversicherung für Verwaltungsbeiräte haben, so hilft Ihnen das Urteil mit seiner Argumentation mit Sicherheit weiter.

IV. Die Rechnungsprüfung durch den Verwaltungsbeirat

Die Rechnungsprüfung durch den Verwaltungsbeirat ist eine seiner wesentlichen Aufgaben. Diese Aufgabe gründet auf dem § 29 Absatz 3 WEG und ist eine der wenigen, die gesetzlich geregelt sind. Der Verwalter ist ein Treuhänder fremden Vermögens. Seine finanzielle Arbeit wird im Rahmen der Rechnungsprüfung kontrolliert. Diese Kontrolle umfasst die Bereiche Jahresabrechnung und Wirtschaftsplan.

1. Grundlagen der Rechnungsprüfung §§ 28,29 WEG

Der Wirtschaftsplan und die Wohngeldabrechnung sollen – bevor die Eigentümerversammlung hierüber beschließt – vom Verwaltungsbeirat geprüft und mit dessen Stellungnahme versehen werden.
Es handelt sich hierbei um eine Soll-Vorschrift. Aus der Vorschrift leitet sich die Legitimation des Verwaltungsbeirates ab, die Jahresabrechnung und den Wirtschaftsplan zu prüfen. Dieses Recht kann daher dem Verwaltungsbeirat nicht verwehrt werden.
Wie der Beirat die Prüfung vornimmt, bleibt ihm weitgehend selbst überlassen. Er kann sich hier frei und selbst organisieren. Es ist möglich, das drei Beiräte die Prüfung durchführen aber auch nur ein Beirat alleine. Es dürfte sinnvoll sein, die Prüfung auch nach dem Sachverstand der Beiräte zu organisieren und so die Prüfer festzulegen. Der Verwaltungsbeirat ist nicht an eine einmal getroffene Festlegung gebunden, er kann diese jährlich neu bestimmen.
Es dürfte aber sinnvoll sein, dass ein einzelner Beirat, der die Prüfung vornimmt, nicht jährlich wechselt. Die erforderliche Kontinuität könnte so nicht zustande kommen. Prüfungen spielen sich im gewissen Rahmen ein. Hat der Nichtbuchhalter als Verwaltungsbeirat einmal das System der Buchführung durchschaut, so fällt ihm die nächste Prüfung viel leichter, und er hat den Kopf frei für die Sachthemen.

Praxistipp

Es sollten immer mindestens zwei Verwaltungsbeiräte die Prüfung vornehmen. Dies erleichtert das Arbeiten im Rahmen der Prüfung; vier Augen sehen mehr als zwei Augen und das Ergebnis erscheint objektiverer. Die Prüfung soll möglichst neutral und unabhängig, sofern dies in einer Eigentümergemeinschaft möglich ist, stattfinden. Die Mitglieder sollen weder den Verwalter oder einen anderen schützen noch unnötig mit Vorwürfen belasten. Der Verwaltungsbeirat stellt Fakten zusammen und trägt diese sachlich der Eigentümerversammlung vor.

Einschaltung von externen Fachleuten

Hält sich der Verwaltungsbeirat für eine solche Prüfung nicht kompetent oder geeignet oder im Einzelfall für überfordert, so können auch externe Fachleute wie Steuerberater oder Wirtschaftsprüfer mit der Prüfung beauftragt werden. Hierdurch werden jedoch regelmäßig Kosten verursacht. Daher ist vor der Einschaltung von externen Fachleuten ein Beschluss der Eigentümergemeinschaft unter Bekanntgabe der Kosten erforderlich. Erst wenn die Eigentümergemeinschaft die Kosten beschlossen hat, kann die Prüfung beauftragt werden. Die Beiräte können zwei Arten von Prüfungen vornehmen:

Standardprüfungen

Die Standardprüfung findet einmal jährlich statt. Im Rahmen der Standardprüfung wird das abgeschlossene vergangene Wirtschaftsjahr, sprich die Nebenkostenabrechnung des Vorjahres, geprüft.

Anlassprüfung

Gemäß § 28 Absatz 4 WEG können die Wohnungseigentümer durch Mehrheitsbeschluss jederzeit vom Verwalter Rechnungslegung verlangen. Die Rechnungslegung und dann die Kontrolle der Rechnungslegung kommen in begründeten Fällen bei Verdacht auf Unregelmäßigkeiten, insbesondere bei Verdacht auf Unterschlagung usw. in Betracht. Doch Anlassprüfungen können auch nach der Abwicklung von größeren Maßnahmen, hier besonders Sanierungs- und Instandhaltungsmaßnahmen, vorgenommen werden. Damit die Standardprüfung zeitlich nicht ausartet, können Verwaltungsbeiräte aufwändige Geschäftsvorfälle schon vorab prüfen. Diese Prüfungen sind mit dem Verwalter abzustimmen, damit er diese entsprechend vorbereiten kann. Da die Buchhaltungsunterlagen zum Vermögen der Eigentümergemeinschaft gehören, kann der Verwaltungsbeirat diese einsehen, genauso wie auch andere Eigentümer.

Ausflug: Verwaltungsunterlagen

Grundsätzlich ist anzumerken, dass die gesamten Verwaltungsunterlagen der Eigentümergemeinschaft inklusive der Buchhaltungsunterlagen ihr Gemeinschaftseigentum sind. Sämtliche Verwaltungsunterlagen gehören eigentumsrechtlich allen Eigentümern (ideell anteilig) und sind Bestandteil des gemeinschaftlichen Sonderverwaltungsvermögens; sie werden treuhänderisch von dem bestellten Verwalter verwaltet und verwahrt. Aus seiner Eigentümerstellung heraus hat jeder Miteigentümer grundsätzlich das Recht in Verwaltungsunterlagen (Eigentümernamenslisten, gemeinschaftliche Verträge, Policen, Abrechnungen, Belege, Rechnungen, Journale, Kontenauszüge usw.) einzusehen (AG Frankfurt, 11.11.1993, 65 UR II 71/93 WEG; OLG Frankfurt, 31.3.1995, 20 W 179/94). Die Einsicht hat grundsätzlich am Firmensitz des Verwalters in seinem Büro zu erfolgen. Was ist hierbei zu beachten?

Die übliche Geschäftszeit des Verwalters sollte eingehalten werden; ebenso sollten Einsichtnahmetermine telefonisch vorher vereinbart werden.

Dem Antrag eines Wohnungseigentümers auf Einsicht in die Buchungsunterlagen des Verwalters soll nach Meinung des BayObLG (v. 26.7.1988, BReg 1 b 16/88) dann das Rechtsschutzbedürfnis fehlen, wenn sich der Verwalter ausdrücklich bereit erklärt hat, die Einsicht in seinen Geschäftsräumen zu gewähren, der Eigentümer aber auf Aushändigung der Unterlagen oder Einsichtnahme außerhalb der Geschäftsräume beharrt (vgl. auch schon BayObLG, RPfleger 1977, 126). Schranken des Einsichtsrechts ergeben sich allein aus den Grundsätzen von Treu und Glauben (§ 242 BGB) oder dem Schikaneverbot (§ 226 BGB). Das grundsätzliche Einsichtsrecht besteht auch nach Beschlussfassung über eine Abrechnung und unabhängig davon, ob eine Abrechnung genehmigt wurde und darin zugleich eine Entlastung des Verwalters liegt.

2. Welche Unterlagen sind zur Rechnungsprüfung vorzulegen?

Damit die Verwaltungsbeiräte sich einen umfassenden Überblick verschaffen können, ist ihnen Einsicht in alle Unterlagen und Aufzeichnungen über die Geschäftsvorgänge der Eigentümergemeinschaft zu verschaffen. Der Verwalter ist verpflichtet, zur Aufklärung besonderer Sachverhalte beizutragen.
Insbesondere sollte sich der Verwaltungsbeirat vorlegen lassen:

- Kontoauszüge im Original
- Rücklagenkonten im Original
- Buchhaltungsbelege / Rechnungen im Original
- Verwaltungsbeiratsabrechnung
- Rückstandsliste von Wohngeldzahlungen
- Mahnakten
- Gerichtsakten
- Wichtige Geschäftsvorfälle des Jahres, wie z.B. Versicherungsschadensfälle
- Vertragunterlagen

3. Planung von Prüfungen

Die Aufgaben des Verwaltungsbeirates sollen ordnungsgemäß und wirtschaftlich erfüllt werden, dazu gehört auch eine sorgfältige Planung der Prüfungen. Mit Hilfe einer systematischen Vorgehensweise können langfristige Folgen überdacht und berücksichtigt werden. Man kann zum Beispiel einen Prüfungsplan mit folgenden Inhalten aufstellen:

- Bezeichnung der Art der Prüfung
- Auswahl / Anzahl der zur Verfügung stehenden Beiräte
- Zeitpunkt des Beginns der Prüfung
- Voraussichtliche Zeitdauer der Prüfung
- Angabe der benötigten Hilfsmittel (z.B. Rechenmaschine)
- Benennung des Prüfungsortes

Nachdem nun ein umfassender Prüfungsplan erstellt wurde, kann der Verwaltungsbeirat die sich daraus ergebenden konkreten Prüfungen nach folgendem Ablauf gestalten:

- Erstellung eines Prüfprogrammes
- Durchführung der Prüfung
- Bewertung der Prüfergebnisse
- Abschlussgespräch
- Erstellung des Prüfberichtes
- Überwachung der Maßnahmen

Dies bedeutet im Einzelnen

Erstellung eines Prüfprogrammes

Das Prüfungsprogramm stellt für die Verwaltungsbeiräte einen Anleitungs- und Orientierungsmaßstab zur Gestaltung ihrer konkreten Prüfungstätigkeit dar. In ihm wird der detaillierte Prüfungsstoff in einer zweckmäßigen Ordnung aufgelistet. Inhalt und Form des Prüfprogrammes können je nach Prüfungsbereich unterschiedlich ausgestaltet sein. Neben dem Zweck, die Prüfung zu gliedern, dient das Prüfungsprogramm der Aufgabenverteilung für die anwesenden Beiräte und ist gleichzeitig ein Hilfsmittel bzw. eine Checkliste zur Überwachung der Prüfungsarbeit. Das Prüfungsprogramm verhindert somit das unbeabsichtigte Auslassen von wichtigem Prüfstoff.

Durchführung der Prüfung

Zur Durchführung der Prüfung können prinzipiell zwei Prüfungsmethoden angewendet werden:

- Vollständigkeitsprüfungen
- Stichprobenprüfungen

Eine Prüfung gilt dann als vollständige Prüfung, wenn der innerhalb eines bestimmten Zeitabschnittes (letztes Wirtschaftsjahr) anfallende Prüfungsstoff vollständig, d.h. lückenlos untersucht wird. Diese Methode ist sehr zeitraubend und daher nicht effizient. Nur wenn es ungeklärte Sachverhalte zu hinterfragen gilt, bietet sich eine solche Prüfung an. Die überwiegende Zahl der Prüfungen basiert auf einer Stichprobenauswahl. Diese kann entweder zufällig erfolgen oder einer gewissen Systematik unterliegen. Um einer Manipulation vorzubeugen, sollte der jeweilige Beirat besonders bei wiederholten Prüfungen darauf achten, dass die Systematik der Stichprobenauswahl nicht erkennbar ist.

Die Prüfungshandlungen

Die konkreten Prüfungshandlungen können in zwei Kategorien aufgeteilt werden:
Ermitteln von Basisinformationen:

- Einsicht in die Versammlungsprotokolle
- auszuführende Beschlüsse der Eigentümerversammlung
- Einsicht in die Verwaltungs- und Vertragsunterlagen
- Kontoauszüge im Original
- Rücklagenkonten im Original
- Buchhaltungsbelege / Rechnungen im Original
- Verwaltungsbeiratsabrechnung
- Rückstandsliste von Wohngeldzahlungen
- Mahnakten
- Gerichtsakten
- Wichtige Geschäftsvorfälle des Jahres, wie z.B. Versicherungsschadensfälle

Im Rahmen des Einsichtsrechts müssen diese Informationen dem Verwaltungsbeirat zur

Verfügung gestellt werden. Der Verwaltungsbeirat kann sich ebenfalls Informationen beschaffen durch:

- mündliche Befragungen
- Einholung von Stellungnahmen
- Bestandsaufnahmen
- Besichtigungen

Vornahme von Rechenoperationen (sachlich und rechnerisch)
Hier kann der Verwaltungsbeirat die vorhandenen Belege und Rechnungen nachrechnen. Stimmen die einzelnen Gliederungspositionen der Rechnung oder sind Rechenfehler gemacht worden? Eine weitere wichtige Prüfung ist, ob die bezahlten Rechnungen auch die Wohnanlage betreffen. Verwaltet ein Verwalter mehrere Wohnanlagen in einer Straße so kann es vorkommen, dass Rechnungen der Eigentümergemeinschaft Musterstr. 2-10 aus Versehen vom Konto der Eigentümergemeinschaft Musterstr. 20-26 bezahlt werden. Es empfiehlt sich daher den jeweiligen Rechnungsempfänger mit zu überprüfen. Sachliche Überprüfung bedeutet: Die Rechnung wurde von der Eigentümergemeinschaft veranlasst, stimmt mit der Auftragsvergabe überein und die Arbeiten wurden korrekt ausgeführt. Die rechnerische Überprüfung bedeutet: Die Mengen und Einzelpreise ergeben die jeweiligen Summen, die Zusammenrechnung der Einzelpositionen ergibt die Gesamtsumme, Skonto und Steuer wurden richtig berechnet.

Bewertung der Prüfergebnisse
Nachdem alle Prüfungshandlungen abgeschlossen sind, müssen die Verwaltungsbeiräte den festgestellten Sachverhalt auswerten. Diese Prüfungsergebnisse beinhalten möglicherweise Abweichungen zu den Sollvorgaben.
Ein Teil der Abweichungen kann sicher im Rahmen eines Toleranzbereiches liegen, während andere Abweichungen wiederum die Grenzen der Toleranz überschreiten können. Hier ist es Aufgabe des Verwaltungsbeirates zu beurteilen, inwieweit die festgestellten Abweichungen tragbar sind oder nicht. Die Bewertung einzelner Fehler erfolgt dahingehend, dass deren Ausmaß in die richtige Relation hinsichtlich ihrer Bedeutung und Auswirkung gesetzt wird.

Abschlussgespräch
Es ist wichtig, dass die Prüfungsergebnisse mit dem Verwalter besprochen werden. Im Rahmen des Abschlussgespräches sollte der Verwalter über das Ergebnis der Prüfung in Kenntnis gesetzt und ihm die Möglichkeit gegeben werden, eine Stellungnahme abzugeben, sofern dies erforderlich ist. Die Ergebnisse der Abschlussgespräches sollten vom Verwaltungsbeirat bei der Erstellung des Prüfberichtes mit berücksichtigt werden.

Erstellung des Prüfberichtes
Zeitnah nach der Prüfung, wenn möglich sogar noch während der Prüfung, sollte ein Prüfbericht erstellt werden. Gut organisierte Verwaltungen besitzen hierfür Formulare / Vordrucke.
Wenn es zu einzelnen Feststellungen Differenzen zwischen Beirat und Verwalter gibt, so sollte die Stellungnahme des Verwalters in den Prüfbericht integriert werden.

In dem Prüfbericht können folgende Positionen aufgenommen werden:

- Darlegung des Prüfumfanges, d.h. eine möglichst genaue Angabe der Bereiche und Unterlagen, die Prüfungsgegenstand waren
- Angabe des Zeitraumes, der geprüft wurde
- Angabe des Zeitpunktes, zu dem die Prüfung durchgeführt wurde und Dauer der Prüfung
- Eine allgemeine Darstellung der vorgefundenen Prüfungsbedingungen
- Aufzählung und Erläuterung sämtlicher Feststellungen und Ermittlungsergebnisse, soweit sie für eine abschließende Urteilsbildung bedeutsam sind. Auch die Ergebnisse von Besprechungen und Befragungen müssen mit einbezogen werden
- Das Gesamturteil und seine ausführliche Begründung
- Änderungsvorschläge und Anregungen

Der Prüfbericht sollte sowohl schriftlich für die Verwaltungsunterlagen abgefasst werden, wie auch auf der Eigentümerversammlung mündlich vorgetragen werden.

Überwachung der Maßnahmen

Der letzte Schritt der Prüfungsdurchführung beinhaltet die Überwachung der Umsetzung von vereinbarten Maßnahmen zur Behebung von festgestellten Abweichungen. Nur so kann eine Überprüfung durch den Verwaltungsbeirat auch tatsächlich Wirksamkeit entfalten.

4. Richtige Kostenverteilung

Die richtige Kostenverteilung nimmt in der Praxis eine immer größer werdende Stellung ein. Die Rechtsprechung der letzten Jahre hat mit einer Reihe von grundlegenden Entscheidungen das ihre dazu beigetragen. Die Streitigkeiten um die Kosten am gemeinschaftlichen Eigentum gehören zu den Sachverhalten, mit denen die Gerichte am häufigsten konfrontiert werden.
Dies war ein Thema in der Reform des Wohnungseigentumsgesetzes, die im Jahre 2006 stattfand. Die bisherige Regelung war wie folgt:

Bisherige Regelungen (vor der Reform des Wohnungseigentumsgesetzes)

Die Eigentümer können die Verteilung der Kosten durch Vereinbarung (Gemeinschaftsordnung) regeln. Gibt es eine solche Vereinbarung nicht, so gelten die gesetzlichen Vorgaben des § 16 WEG.
Nach § 16 Absatz 2 WEG (alte Fassung) hat jeder Wohnungseigentümer die Lasten des gemeinschaftlichen Eigentums und die Kosten der Instandhaltung, der Instandsetzung, der Verwaltung und eines gemeinschaftlichen Gebrauchs des gemeinschaftlichen Eigentums im Verhältnis der Miteigentumsanteile zu tragen.

Doch hiervon gibt es Ausnahmen:

- gemäß § 16 Absatz 3 WEG (alte Fassung) ist ausnahmsweise der von der Kostenpflicht befreit, der einer Maßnahme nach § 22 Absatz 1 WEG (alte Fassung) – bauliche Veränderung – nicht zugestimmt hat
- Die in einem Verfahren nach § 43 WEG (alte Fassung) – Beschlussanfechtungsverfahren – angefallenen Kosten gehören gemäß § 16 Absatz 5 WEG (alte Fassung) nicht zu den Kosten der Verwaltung im Sinne des § 16 Absatz 2 WEG (alte Fassung)

Das Gesetz will einen sachgerechten Kostenausgleich und gewährt dem Eigentümer Nutzungen am gemeinschaftlichen Eigentum entsprechend seinem Miteigentumsanteil. So erklärt es sich, dass der Gesetzgeber den Regelkostenverteilerschlüssel gleich setzt mit den Miteigentumsanteilen.
Wenn es in einer Eigentümergemeinschaft sinnvoll ist, einen anderen Kostenverteilerschlüssel auszuwählen, so lässt das Gesetz dies zu.
Die Kostenverteilerschlüssel sind in der Gemeinschaftsordnung festgelegt worden. Über die Wichtigkeit der Gemeinschaftsordnung wurde ja schon mehrfach berichtet. Sind in der Gemeinschaftsordnung bestimmte Verteilerschlüssel für gewisse Ausgabepositionen vorgesehen, so sind diese anzuwenden.

Eine Regelung in der Gemeinschaftsordnung kann wie folgt aussehen:

Das Wohngeld setzt sich zur Zeit aus folgenden Beträgen / Betragsgruppen / Kosten- und Lasten-Positionen zusammen:
a) Allgemeine Bewirtschaftungs- bzw. Betriebskosten, d.h. insbesondere Grundstücksgebühren, Prämien für abgeschlossene Gemeinschafts-Versicherungen, Kosten für Straßenreinigung, Müllabfuhr, Be- und Entwässerung sowie Kanalbenutzung, Gartenpflege, Wartung technischer Anlagen und Einrichtungen des Gemeinschaftseigentums, Kaminreinigung, Kosten für Instandhaltung und Instandsetzung des Gemeinschaftseigentums, allgemeine Stromkosten, Kosten zur Gebrauchserhaltung der Zentralheizung und anderer gemeinschaftlicher Einrichtungen (z.B. im Tiefgaragenbereich Entlüftung, Rolltür-Elektrik, Brandschutz), Kosten des Personenlifts, die Entlohnung für Hausmeister und Hausreinigung, Bankgebühren gemeinschaftlicher Konten, anwaltliche Beratungs- und Vertretungskosten sowie Gerichtskosten in Aktiv- oder Passivprozessen der bzw. gegen die Gesamtgemeinschaft und alle sonstigen Betriebskosten, soweit sie mit der Bewirtschaftung der Anlage unmittelbar zusammenhängen und für die Werterhaltung des Gemeinschaftseigentums notwendig sind.
Diese Kosten sind von allen Sondereigentümern im Verhältnis der festgeschriebenen Miteigentumsanteile zu tragen.
Betreffen bestimmte (Verbrauchs-)Kosten nur das jeweilige Sondereigentum oder basieren solche verbrauchsabhängig über Uhren / Zähler usw. erfassbaren Kosten auf Einzelverträgen der Sondereigentümer mit Dritten, handelt es sich nicht um Kosten und Lasten im Sinne des § 16 Abs. 2 WEG (alte Fassung) und vorstehender Regelung, selbst wenn hier Sammelrechnungen von dritter Seite zu Recht an die Gemeinschaft zu Händen des Verwalters gestellt sein sollten. Die Verteilung erfolgt hier selbst bei In-

kasso und Exkasso sowie Abrechnung solcher Kosten durch den Verwalter nach den entsprechenden Verbrauchswerten im jeweiligen Sondereigentum.
Die laufenden Kabelgebühren gehen i.Ü. stets in gleicher Höhe zu Lasten der einzelnen Einheiten / Sondereigentümer mit FS-Kabelanschluss.
Sind Kosten (Gericht, Anwalt) in Verfahren nach § 43 WEG (alte Fassung) gemäß gerichtlicher Kostenentscheidung einer Eigentümergruppe auf Antragsteller- oder Antragsgegnerseite auferlegt, hat interne Verteilung dieser Kosten in der betreffenden Eigentümergruppe ebenfalls nach Miteigentumsanteilen zu erfolgen.

b) Kosten für die Bildung einer Instandhaltungsrückstellung (Rücklage). Die Sondereigentümer sind zur Ansammlung einer solchen zweckgebundenen Rückstellung für Instandhaltungen und auch Instandsetzungen des gemeinschaftlichen Eigentums verpflichtet. Höhe bzw. jährliche Zuführungen in ein bestehendes Rückstellungsvermögen werden vom Verwalter in Vorschlag gebracht und bedürfen separater Mehrheitsbeschlussfassung bzw. der Beschlussfassung über den Wirtschaftsplan mit entsprechendem Vorschlag in gesonderter Kostenposition.
Gleiches gilt für die Anlage bzw. Anlageformen eines bestehenden Rückstellungsvermögens.
Aus der Rückstellung werden – zweckbestimmt – ausschließlich Kosten für beschlossene größere Maßnahmen der Instandhaltung und Instandsetzung des gemeinschaftlichen Eigentums bestritten, ebenso solche für erforderliche Not- und Eilsanierungsmaßnahmen in diesem Bereich ohne vorausgehende Beschlussfassung.
Ein Rückstellungsvermögen ist auf separatem Bankkonto (ggf. auch Unterkonto, ebenfalls in Form eines sog. offenen Fremdkontos der Gemeinschaft), also nicht nur einem buchinternen Verwaltungs-Sonderkonto zu buchen und abzurechnen.
Die Abrechnung und Verteilung der mit den jeweiligen Wohngeldvorauszahlungsbeiträgen einzufordernden Beträge für die Rückstellung erfolgen ebenfalls nach dem Verhältnis der Miteigentumsanteile zueinander.

c) Kosten für den Betrieb, die Unterhaltung und eine etwaige Erneuerung der Zentralheizungs- und Warmwasserbereitungsanlage sowie die Kosten des Heizstoffverbrauchs zur Beheizung und zur Warmwasserversorgung (einschließlich Strom und Kleinreparaturen). Desgleichen die Kosten der Kaltwasserversorgung (einschließlich Abwasser / Kanalbenutzung), die, soweit Zähler (Uhren, Kostenverteiler) vorhanden sind, nach diesen entsprechend der üblichen Berechnung durch Fachservice-Firmen verbrauchsabhängig berechnet werden.
Hinsichtlich der Heiz- und Warmwasserkosten ist die Heizkostenverordnung in jeweils gültiger Fassung zu beachten. Nach Maßgabe dieser Verordnung sind in der Gemeinschaft 70% verbrauchsabhängig auf die einzelnen Sondereigentümer aufzuteilen und 30% als Fixkosten nach dem Verhältnis der Miteigentumsanteile [alternativ: nach jeweils beheizbarer / beheizter Sondereigentumsraumfläche oder auch Raum-Kubatur].

d) Vergütung für den Wohnungseigentumsverwalter, in Abweichung zu § 16 Abs. 2 WEG (alte Fassung) hier intern aufzuteilen nach der Zahl der jeweiligen Sondereigentumseinheiten, also in jeweils gleicher Betragshöhe.

Grundsätzlich können Kostenverteilerschlüssel auch nach folgenden Umlagemöglichkeiten gebildet werden:

- Einheiten
- Quadratmeter Wohnfläche
- Quadratmeter beheizte Wohnfläche
- Verbrauch
- Personen

Man sollte jedoch immer Wert auf einen nachvollziehbaren Schlüssel legen. Am wenigsten nachvollziehbar ist der Personenschlüssel. Hier kommt es in der Regel zu Streit darüber, wann wie viele Personen in der Wohnung gewohnt haben.
Der Verwaltungsbeirat kann nun im Rahmen der Prüfung kontrollieren, ob die angewendeten Verteilerschlüssel der Vereinbarung oder, falls keine Vereinbarung vorhanden ist, dem Gesetz entsprechen.
Doch was ist, wenn diese nicht übereinstimmen?
Häufig wird es in der Praxis vorkommen, dass Kostenverteilerschlüssel durch Beschluss geändert wurden und angewendet werden.
Mehrheitsbeschlüsse, die den Kostenverteilerschlüssel ändern sollen oder abgeändert haben, sind nach der sogenannten Jahrhundertentscheidung des Bundesgerichtshofes vom 20.9.2000 (V ZB 58/99) von Anfang an als nichtig anzusehen und dürfen daher vom Verwalter nicht angewendet werden. Die Verteilung der Kosten kann nur durch Vereinbarung unter allen Eigentümern geregelt werden, weil sich dadurch das Rechtsverhältnis der Eigentümer untereinander auf Dauer und nicht nur für einen Einzelfall ändert. Die Nichtigkeit ergibt sich daraus, dass ein solcher Beschluss eine vorhandene Vereinbarung oder das Gesetz in § 16 Absatz 2 WEG (alte Fassung) dauerhaft abändert. Solche Abweichungen sind nach § 10 Absatz 1 Satz 2 WEG (alte Fassung) jedoch nur durch Vereinbarung möglich.
Um die erforderliche Rechtssicherheit herzustellen, muss die Vereinbarung im Grundbuch eingetragen werden, damit sie auch für einen Rechtsnachfolger gültig ist.
Doch was hat es nun für Folgen, wenn ein falscher Kostenverteilerschlüssel weiter angewendet wird?

Hier gibt es folgende Fälle

- In den Abrechnungen der vergangenen Jahre wurden nichtige Verteilerschlüssel angewendet. Diese Abrechnungen bleiben unverändert bestehen, sofern sie bestandskräftig geworden sind, also nicht innerhalb der Monatsfrist gemäß § 23 Absatz 4 WEG (alte Fassung) angefochten wurden.
- Auch Abrechnungen nach dem 20.9.2000, die einen nichtigen Verteilerschlüssel anwenden, werden bestandskräftig, wenn der Mehrheitsbeschluss nicht angefochten wird. Die Bestandskraft kann eintreten, weil die Kostenverteilung nur im Fall dieser beschlossenen Abrechnung angewendet wird. Der Beschluss über die Abrechnung verändert das Rechtsverhältnis der Eigentümer untereinander nicht auf Dauer.

- Sonderumlagen, die einen falschen Kostenverteilerschlüssel anwenden, sind nur anfechtbar und nicht von Anfang an als nichtig anzusehen. Auch hier wird der vereinbarte oder gesetzliche Kostenverteilerschlüssel nicht für die Zukunft abgeändert.
- Mehrheitsbeschlüsse, die in der Vergangenheit gefasst wurden und die nach Beschlussanfechtung von einem Gericht auf ihre Gültigkeit überprüft und rechtskräftig bestätigt worden sind, gelten für die Eigentümergemeinschaft auch dann weiter, wenn sie nach jetzigem Rechtsverständnis als nichtig zu behandeln wären. Dies gilt auch für Rechtsnachfolger (Käufer, die später in die Eigentümergemeinschaft eintreten). Die Nichtigkeit solcher Mehrheitsbeschlüsse wird in diesen Fällen durch die formelle Rechtskraft der Entscheidung überwunden.

Nach der Reform des Wohnungseigentumsgesetzes

Auf Grund der oben beschriebenen Problematik ist es schwer gewesen, Kostenverteilerschlüssel abzuändern. Dieser Problematik hat sich der Gesetzgeber angenommen und das Wohnungseigentumsgesetz geändert bzw. ergänzt. Diese Änderungen sind im § 16 WEG zu finden. Die neue Fassung wird hier abgedruckt:

§ 16 Nutzungen, Lasten und Kosten

(1) Jedem Wohnungseigentümer gebührt ein seinem Anteil entsprechender Bruchteil der Nutzungen des gemeinschaftlichen Eigentums. Der Anteil bestimmt sich nach dem gemäß § 47 der Grundbuchordnung im Grundbuch eingetragenen Verhältnis der Miteigentumsanteile.

(2) Jeder Wohnungseigentümer ist den anderen Wohnungseigentümern gegenüber verpflichtet, die Lasten des gemeinschaftlichen Eigentums sowie die Kosten der Instandhaltung, Instandsetzung, sonstigen Verwaltung und eines gemeinschaftlichen Gebrauchs des gemeinschaftlichen Eigentums nach dem Verhältnis seines Anteils (Absatz 1 Satz 2) zu tragen.

(3) Die Wohnungseigentümer können abweichend von Absatz 2 durch Stimmenmehrheit beschließen, dass die Betriebskosten des gemeinschaftlichen Eigentums oder des Sondereigentums im Sinne des § 556 Abs. 1 des Bürgerlichen Gesetzbuches, die nicht unmittelbar gegenüber Dritten abgerechnet werden, und die Kosten der Verwaltung nach Verbrauch oder Verursachung erfasst und nach diesem oder nach einem anderen Maßstab verteilt werden, soweit dies ordnungsmäßiger Verwaltung entspricht.

(4) Die Wohnungseigentümer können im Einzelfall zur Instandhaltung oder Instandsetzung im Sinne des § 21 Abs. 5 Nr. 2 oder zu baulichen Veränderungen oder Aufwendungen im Sinne des § 22 Abs. 1 und 2 durch Beschluss die Kostenverteilung abweichend von Absatz 2 regeln, wenn der abweichende Maßstab dem Gebrauch oder der Möglichkeit des Gebrauchs durch die Wohnungseigentümer Rechnung trägt.
Der Beschluss zur Regelung der Kostenverteilung nach Satz 1 bedarf einer Mehrheit von mehr als drei Viertel aller stimmberechtigten Wohnungseigentümer im Sinne des § 25 Abs. 2 und mehr als der Hälfte aller Miteigentumsanteile.

(5) Die Befugnisse im Sinne der Absätze 3 und 4 können durch Vereinbarung der Wohnungseigentümer nicht eingeschränkt oder ausgeschlossen werden.
(6) Ein Wohnungseigentümer, der einer Maßnahme nach § 22 Abs. 1 nicht zugestimmt hat, ist nicht berechtigt, einen Anteil an Nutzungen, die auf einer solchen Maßnahme beruhen, zu beanspruchen. Er ist nicht verpflichtet, Kosten, die durch eine solche Maßnahme verursacht sind, zu tragen. Satz 1 ist bei einer Kostenverteilung gemäß Absatz 4 nicht anzuwenden.
(7) Zu den Kosten der Verwaltung im Sinne des Absatzes 2 gehören insbesondere Kosten eines Rechtsstreits gemäß § 18 und der Ersatz des Schadens im Falle des § 14 Nr. 4.
(8) Kosten eines Rechtsstreits gemäß § 43 gehören nur dann zu den Kosten der Verwaltung im Sinne des Absatzes 2, wenn es sich um Mehrkosten gegenüber der gesetzlichen Vergütung eines Rechtsanwalts aufgrund einer Vereinbarung über die Vergütung (§ 27 Abs. 2 Nr. 5, Abs. 3 Nr. 6) handelt.

Besonders interessant sind für uns nun die Absätze 3 bis 5. Bitte lesen Sie sich diese genau durch. Diese stellen gegenüber der bisherigen Situation eine deutliche Änderung dar! Bislang fehlte der Eigentümergemeinschaft die Beschlusskompetenz Änderung der Kostenverteilerschlüssel. Eine Öffnungsklausel in der Gemeinschaftsordnung war erforderlich. Die Öffnungsklausel wird hier nun per Gesetz eingeführt. Die Eigentümer können durch Stimmenmehrheit beschließen, dass Kostenverteilerschlüssel abgeändert werden. Doch auch hierbei gibt es Einschränkungen.

- Es muss sich um Betriebs- und Verwaltungskosten im Sinne des § 556 Abs. 1 BGB handeln. Das bedeutet, es muss sich um Betriebs- und Verwaltungskosten im Sinne der Betriebskostenverordnung handeln.

- Weiter kommen als Kostenverteilerschlüssel in Betracht:
  Verbrauch, Verursachung oder ein anderer Maßstab. Hier sind kaum Grenzen gezogen.

- Weiter muss der neue Kostenverteilerschlüssel ordnungsgemäßer Verwaltung entsprechen.

Doch was heißt nun ordnungsgemäße Verwaltung? Wie sind hier die Grenzen zu ziehen? Bislang hat die Rechtsprechung die Grenzen immer sehr streng gezogen. Doch der Gesetzgeber hat hier nun viel weitere Grenzen gesetzt.

Dies bedeutet in der Praxis:

- Es muss sich um Betriebskosten im Sinne der Betriebkostenverordnung oder um Verwaltungskosten handeln. Die Betriebskostenverordung ist in diesem Buch auf Seite 71 ff. abgedruckt. Hier reicht ein Mehrheitsbeschluss aus.

- Für die Änderung eines Kostenverteilerschlüssels bei Instandsetzungsmaßnahmen ist ein höheres Quorum erforderlich. Es müssen alle Wohnungseigentümer im Sinne des § 25 Absatz 2 WEG (gesetzlicher Abstimmmodus) zustimmen und zugleich mehr als die Hälfte aller Miteigentumsanteile.

Sofern das jeweilige Quorum erfüllt ist, können die Wohnungseigentümer nun frei zwischen folgenden Kostenverteilerschlüsseln wählen:

- Miteigentumsanteil
- m^2 Wohnfläche
- Einheiten
- Verbrauch
- Personen

Dies ist eine deutliche Erleichterung für den Wohnungseigentümer und ermöglicht der Eigentümergemeinschaft wieder Verbräuche / Kosten möglichst gerecht zu verteilen.

5. Prüfung des Entwurfes des jährlichen Wirtschaftsplanes

Eine weitere Prüfungsaufgabe des Verwaltungsbeirates ist die Prüfung des Wirtschaftsplanes. Der Verwalter stellt die geschätzten Ausgaben für das Wirtschaftsjahr auf. Den Zahlen legt er folgende Unterlagen zu Grunde:

- aktuelle Bescheide der Kommune
- aktuelle Abschlagsfestlegungen der Versorgungsunternehmen
- aktuelle Verträge (Dauerschuldverhältnisse) der Eigentümergemeinschaft
- beschlossene investive Maßnahmen der Eigentümergemeinschaft
- Erfahrungswerte der Vorjahre

Der Verwaltungsbeirat sollte diese Zahlen überprüfen und falls erforderlich angleichen. Hinsichtlich der Kostenverteilerschlüssel gilt gleiches wie bei der Abrechnung.

6. Wie sieht eine Abrechung bzw. ein Wirtschaftsplan denn nun eigentlich aus?

Sicher kann man nicht in ein paar Zeilen die richtige Erstellung einer Betriebskostenabrechnung und eines Wirtschaftsplanes erläutern. Hierüber gibt es hervorragende Bücher. Wer tiefer in die Thematik einsteigen möchte, findet am Ende des Buches Literaturhinweise.
Meines Erachtens kann man aber bereits an wenigen Merkmalen einer Betriebskostenabrechnung deren Qualität und Güte erkennen – sie können einem Verwaltungsbeirat bereits ein erstes Meinungsbild über die Arbeit des Verwalters verschaffen. Daher will ich hier die wichtigsten äußeren Merkmale einer Betriebskostenabrechnung erläutern.
Doch zuerst ein paar einleitende Worte. Während der Wirtschaftsplan die voraussichtlich anfallenden Kosten erfasst und dafür Sorge tragen soll, dass laufend die notwendigen Gelder bereit stehen, d.h. das Girokonto der Eigentümergemeinschaft die erforderliche Deckung aufweist, werden in der Betriebskostenabrechnung die tatsächlich angefallenen Kosten wie auch die Einnahmen (Gesamtabrechnung) erfasst und auf die einzelnen Eigentümer entsprechend dem gültigen Kostenverteilungsschlüssel (Einzelabrechnung) verteilt. Über die Einzelabrechnung und Gesamtabrechnung ist zu beschließen.
Inhaltlich listet die Betriebskostenabrechnung alle Einnahmen und Ausgaben eines Wirtschaftsjahres auf. Die Durchsicht dieser Auflistung durch den Eigentümer muss erkennen lassen, durch welche einzelnen Ausgaben und Einnahmen das Ergebnis errechnet worden ist.
Hierbei handelt es sich nicht um eine handelsrechtliche Bilanz und auch nicht um eine Gewinn- und Verlustrechnung. Vielmehr wird die Darstellung der Vermögensentwicklung innerhalb des Wirtschaftsjahres gefordert. Daher sind auch Abgrenzungen nicht zulässig. Die einzige Ausnahme bildet hier die Heizkostenverordnung – diese lässt Abgrenzungen im Rahmen der verbrauchsabhängigen Abrechnung zu.

Praxisbeispiel
Im Juni des Wirtschaftsjahres wird der Öltank voll getankt. Die Ölrechnung kann nun nicht zu 100% als Ausgabe in die Abrechnung aufgenommen werden. Vielmehr sind die tatsächlichen Kosten für den Ölverbrauch zu ermitteln und anzusetzen. Die Differenz zwischen dem tatsächlichen Verbrauch und den tatsächlichen Ausgaben muss abgegrenzt werden.

In der Betriebskostenabrechnung sind alle Ausgaben und Einnahmen darzustellen. Stellt der Verwaltungsbeirat nun fest, dass die eine oder andere Ausgabe nicht vom Verwalter getätigt werden durfte, so ist dies kein Grund, die Betriebskostenabrechnung nicht zu genehmigen oder führt nicht dazu, dass die Betriebskostenabrechnung falsch ist. Nur die Vollständigkeit der finanziellen Vorgänge ist für eine ordnungsgemäße Betriebskostenabrechnung von Bedeutung. Stellt sich heraus, dass Ausgaben getätigt worden sind, für die es keinen Rechtsgrund gibt, so ist die Betriebskostenabrechnung richtig, wenn die Ausgaben dargestellt worden sind. Die zu unrecht belasteten Eigentümer haben jedoch einen Anspruch darauf, dass die Schuld bei den tatsächlich Verpflichteten eingetrieben wird und den zuvor belasteten Eigentümern wieder gutgeschrieben wird.
In der Einzelabrechnung werden anteilig die Einnahmen und Ausgaben den Vorschusszahlungen des Eigentümers gegenüber gestellt. Das Ergebnis führt dann zu einer Nachzahlung oder einem Guthaben des einzelnen Eigentümers.

Verschiedene Teile einer Betriebskostenabrechnung

Kopf

Im Kopf der Betriebskostenabrechnung müssen folgende Angaben vorhanden sein.

- Verwalter
- Wohnungseigentümer
- Wohnanlage
- Abrechnungszeitraum
- Abrechnungszeitraum der Einheit

Umlage der Nebenkosten

Hier kann die Betriebskostenabrechnung in zwei Teile aufgeteilt werden:
Der erste Teil enthält Kosten, die auf den Mieter umlegbar sind und der zweite Teil Kosten, die nicht auf den Mieter umlegbar sind.
Die Umlegbarkeit auf den Mieter richtet sich nach der Betriebkostenverordnung und der jeweiligen mietvertraglichen Vereinbarung. Der Teil muss folgende Angaben enthalten:

- Kostenart bzw. Ausgabekonto (z.B. Verwaltervergütung, Heizkosten, Müllbeseitigung ...). Die Anzahl der einzelnen Kostenarten richtet sich nach den tatsächlichen Gegebenheiten der Wohnanlage und kann individuell im Rahmen der Umlageschlüssel festgelegt werden
- Gesamtkosten der Wohnanlage
- Umlageschlüssel
- Individueller Anteil der einzelnen Einheit

Teilt der Verwalter die Betriebskostenabrechnung in zwei Teile auf, so entstehen daraus neue Probleme. Diese werden im Kapitel Betriebskostenmanagement dargestellt.

Weitere Informationen

Weiter muss eine Betriebskostenabrechnung folgende Informationen enthalten:

- Die Summe der Einzelabrechnungen der Eigentümergemeinschaft. Hier gibt es m.E. die Möglichkeit, die Aufstellung der Abrechnung beizufügen oder diese zur Einsicht für die Eigentümer zur Verfügung zu halten.

- Entwicklung der Instandhaltungsrücklage mit Ausweis
  - des Rücklagenanteils der Einheit
  - der Zinserträge
  - der Kapitalertragssteuer
  - des Solidaritätszuschlages

- Vermögensstatus zum Stichtag Ende des Wirtschaftsjahres
- Ausweis der haushaltsnahen Beschäftigungsverhältnisse, Dienstleistungen und Handwerkerleistungen nach § 35a EStG

Wirtschaftsplan WP 2006

Währung: EURO I Datum: 07.01.2006 I Objekt: 220, Burgstraße 44, 12345 Burghausen
Grundbuch-Nr.: 12345 I Einheit, Lage, Bezeichnung: 001, Whg., 1. OG links
Abrechnungszeitraum: 01.01.2006 bis 31.12.2006

Konto	**Umlage**	**Umlageart**	**Ihr Anteil**
Umlagefähige Konten			
Allgemeinstrom	40,00	MEA	7,70
Heizung Verbrauch	4.000,00	Heizkosten extern	629,99
Kabelgebühren	600,00	Kabelfernsehen	120,00
Müllbeseitigung	860,00	Personen	95,56
Verbrauch Kanal	350,00	Personen	38,89
Verbrauch Wasser	460,00	Personen	51,11
Versicherg. Brand	112,00	MEA	21,56
Versicherg. Haftpflicht	34,00	MEA	6,55
Versicherg. Öltank	93,00	MEA	17,91
Versicherg. Wohngebäude	216,00	MEA	41,59
Summe umlagefähige Konten	**6.765,00**		**1.030,86**
Nicht umlagefähige Konten			
Einstellung in Rücklage	4.206,91	Fläche in m2	809,98
Heizung Reparatur	250,00	MEA	48,13
Instandhaltung	500,00	MEA	96,27
Nebenk d. Geldverkehrs	90,00	MEA	17,33
Verwaltervergütung	1.068,00	Einheit	178,00
Summe nicht umlagefähige Konten	**6.114,91**		**1.149,71**
Summe	**12.879,91**		**2.180,57**

Ihre neue Kostenvorauszahlung für 1 Monat(e) in EURO **182,00**

Umlageart	**Gesamt-Schlüsselwert**	**Ihr Anteil**
Einheit	6,0000	1,0000
Fläche in m²	411,2500	79,1800
Heizkosten extern	3.386,9500	533,4400
Kabelfernsehen	5,0000	1,0000
MEA	1.000,0000	192,5300
Personen	9,0000	1,0000

Bitte beachten Sie Ihre mietvertraglichen Veinbarungen

Abrechnung der Bewirtschaftungskosten

Währung: EURO I Datum: 07.01.2005 I Objekt: 220, Burgstraße 44, 12345 Burghausen
Grundbuch-Nr.: 12345 I Einheit, Lage, Bezeichnung: 001, Whg., 1. OG links
Abrechnungszeitraum: 01.01.2005 bis 31.12.2005 (365 Tage)
Ihr Abrechnungszeitraum: 01.01.2005 bis 31.12.2005 (365 Tage)

Konto	**Umlage**	**Umlageart**	**Ihr Anteil**
** Umlagefähige Konten			
Allgemeinstrom	118,40	MEA	22,80
Kabelgebühren	608,40	Kabelfernsehen	121,68
Müllbeseitigung	900,00	Personen	180,00
Verbrauch Kanal	344,00	Personenzahl	38,22
Verbrauch Wasser	480,00	Personenzahl	53,33
Versicherg. Brand	113,22	MEA	21,80
Versicherg. Haftpflicht	33,63	MEA	6,47
Versicherg. Öltank	92,87	MEA	17,88
Versicherg. Wohngebäude	216,10	MEA	41,61
Heizkosten extern	3.386,95		533,44
Summe umlagefähige Konten	**6.293,57**		**1.037,23**
** Nicht umlagefähige Konten			
Außord. Verlust/Ertrag	92,08	MEA	17,73
Einstellung in Rücklage	4.206,91	Fläche in m^2	809,98
Heizung Reparatur	343,31	MEA	66,10
Instandhaltung	929,04	MEA	178,87
Nebenk. d. Geldverkehrs	88,06	MEA	16,95
Verwaltervergütung	1.067,52	Einheit	177,92
Summe nicht umlagefähige Konten	6.726,92		1.267,55
Summe	13.020,49		2.304
Abzüglich vereinbarte Betriebskostenvorauszahlung (Soll)			-2.388,00
Abzüglich vereinbarte Heizkostenvorauszahlung (Soll)		0,00	
Kontostand am 31.12.2004			0,00
Guthaben in EURO			**83,22**

Gesamt- und Einzelschlüsselwerte

Gesamtschlüsselwert	**Umlageart**	**Ihr Anteil**
1.000,0000	MEA	192,5300
411,2500	Fläche in m^2	79,1800
6,0000	Einheit	1,0000
3.386,9500	Heizkosten extern	533,4400
5,0000	Kabelfernsehen	1,0000
10,0000	Personen	2,0000
9,0000	Personenzahl	1,0000

Rücklagenkonto

Währung: EURO I Datum: 07.01.2005 I Objekt: 220, Burgstraße 44, 12345 Burghausen
Grundbuch-Nr.: 12345 I Einheit, Lage, Bezeichnung: 001, Whg., 1. OG links
Abrechnungszeitraum: 01.01.2005 bis 31.12.2005

Datum	**Buchungstext**	**Beleg-Nr.**	**Gegenkonto**	**Soll-Saldo**	**Haben-Saldo**
Konto-Nr.: 31.12345 I Kontobezeichnung: Sparbuch 12345678					
31.12.2004	Vortrag			16.994,60	
19.09.2005	Teilzuführung RL 2004	992	12.00000	1.650,45	
28.11.2005	Übertrag v. Sparbuch	21	12.00000		4.000,00
30.12.2005	Solz 2004, Sparbuch	999	21.50000		3,48
30.12.2005	Zast 2004, Sparbuch	999	21.00000		63,44
30.12.2005	Zinsertrag 2004, Sparbuch	999	28.30000	211,46	
	Saldo am: 31.12.2005			**14.789,59**	

Gesamtrücklage	**14.789,59**
Ihr Anteil nach Fläche in m²	**2.847,51**

Rücklagenkonto Einzelaufstellung

Konto-Nr.: 31.12345 I Kontobezeichnung: Sparbuch 12345678

Rücklagenart	**Umlageart**	**Gesamtbetrag**	**Ihr Anteil**
Zinsen (Brutto)	Fläche in m²	211,46	40,71
Kapitalertragssteuer	Fläche in m²	63,44	12,21
Solidaritätszuschlag	Fläche in m²	3,48	0,67
Rücklagenentnahme	Fläche in m²	5.234,70	1.007,86
Vorsteuer	Fläche in m²	0,00	0,00

Art	**Gesamtsumme**	**Umlageschlüssel**	**Ihr Anteil**
Nach der Betriebskostenverordnung umlagefähig			
§35 a Abs. I S.1 EStG	/ EUR	X / 1.000 Miteigentumsanteil	/ EUR
§35 a Abs. I S. 2 EStG	EUR	X / 1.000 Miteigentumsanteil	EUR
§35 a Abs. II S.1 EStG	EUR	X / 1.000 Miteigentumsantei	EUR
§35 a Abs. II S.2 EStG	EUR	X / 1.000 Miteigentumsanteil	EUR
Nach der Betriebskostenverordnung nicht umlagefähig			
§35 a Abs. II S.2 EStG	EUR	X / 1.000 Miteigentumsanteil	EUR

Die Beschäftigungsverhältnisse nach § 35a I S.2 haben in dem Zeitraum ____ Monate angedauert.

Bei obig aufgeführten Beträgen handelt es sich ausschließlich um unbar bezahlte Leistungen.

Vermögensstatus

Einnahmen und Ausgaben (Stand: 31.12.2005)	Soll	Haben
Angeforderte Eigentümervorauszahlungen		13.044,00
Rückstände auf Eigentümerkonten	1.048,38	
überzahlung auf Eigentümerkonten	0,00	
Sonstige Einnahmen	0,00	
Umlagekosten	13.020,49	
Unterdeckung		**1.024,87**

Konto

Währung: EURO I Datum: 07.01.2006 I Objekt: 220, Burgstraße 44, 12345 Burghausen
Grundbuch-Nr.: 12345 I Einheit, Lage, Bezeichnung: 001, Whg., 1. OG links
Abrechnungszeitraum: 01.01.2005 bis 31.12.2005

Konten	Soll	Haben
Bankkonten	2.235,99	
Rücklagen (Anlagekonten)	14.789,59	
Rücklagen (Passivkonten)		18.861,47
Finanzkonten	0,00	
Bestandskonten	2.869,97	
Verbindlichkeiten	0,00	
Abgrenzungskonten		352,66
Außerordend. Aufwands-/Ertragskonten	0,00	
Verrechnungskonten		1.706,29
Angeforderte Eigentümervorauszahlungen		13.044,00
Forderungen	0,00	
Rückstände auf Eigentümerkonten	1.048,38	
Überzahlung auf Eigentümerkonten	0,00	
Sonstige Einnahmen	0,00	
Umlagekosten		13.020,49
Summe	**33.964,42**	**33.964,42**

Eigentümerkonten bis 31.12.2005	Soll	Haben
Unterdeckung	847,14	
Überdeckung		273,64

Salden für Bankkonto 1	Soll	Haben
Konto-Nr.: 12345678 I Kontobezeichnung: Bank - allgem. Konto		
Saldo bis 31.12.2005	2.465,00	
Saldo bis 31.12.2005	2.235,99	

In Zeiten steigender Betriebskosten wird häufig die Frage gestellt: Wieso sind die Kosten denn so hoch? Was haben Verwalter und Verwaltungsbeirat getan, damit die Kosten niedriger werden? Schwierige Fragen. Doch Verwaltung, wie auch Verwaltungsbeirat, sollten sich mit dem Thema auseinandersetzen.
Was sind überhaupt Betriebskosten? Wie sind diese definiert? Welche Betriebskosten gibt es überhaupt, was darf auf den Mieter umgelegt werden? Einen ersten Hinweis finden wir im Teil Miete des Bürgerlichen Gesetzbuches.

§ 556 Abs. 1 BGB
Die Vertragsparteien können vereinbaren, dass der Mieter Betriebskosten im Sinne des § 19 Abs. 2 des Wohnraumfördergesetzes trägt. Bis zum Erlass der Verordnung nach § 19 Abs. 2 des Wohnraumfördergesetzes ist hinsichtlich der Betriebskosten nach Satz 1 § 27 der Zweiten Berechnungsverordnung anzuwenden.

Umlage nur bei ausdrücklicher mietvertraglicher Vereinbarung!

Betriebskosten § 556 Abs. 2 BGB
Die Vertragsparteien können vorbehaltlich anderweitiger Vorschriften vereinbaren, dass Betriebskosten als Pauschale oder als Vorauszahlung ausgewiesen werden. Vorauszahlungen für Betriebskosten dürfen nur in angemessener Höhe vereinbart werden.

Betriebskosten § 556 Abs. 3 BGB
Über die Vorauszahlung für Betriebskosten ist jährlich abzurechnen; dabei ist der Grundsatz Wirtschaftlichkeit zu beachten.

Die genauen Betriebskosten, die auf den Mieter umlegbar sind, werden in der Berechnungsverordnung (BVO) § 27 Abs. 1 definiert.

Betriebskosten sind die Kosten, die dem Eigentümer (Erbbauberechtigten) durch das Eigentum am Grundstück (Erbbaurecht) oder durch den bestimmungsgemäßen Gebrauch des Gebäudes oder der Wirtschaftseinheit, der Nebengebäude, Anlagen, Einrichtungen und des Grundstücks laufend entstehen. Der Ermittlung des Betriebskosten ist die Betriebskostenverordnung vom 25.11.2003 (BGB1. I S. 2346, 2347) zugrunde zu legen.

Die Betriebskostenverordnung wollen wir uns nun einmal näher ansehen.

Betriebskostenverordnung 2003 (BetrKV)

§ 1 BetrKV
Betriebskosten sind die Kosten, die dem Eigentümer oder Erbbauberechtigten durch das Eigentum oder Erbbaurecht am Grundstück oder durch den bestimmungsmäßigen Gebrauch des Gebäudes, Nebengebäudes, Anlagen, Einrichtungen und des Grundstückes

laufend entstehen. Sach- und Arbeitsleitungen des Eigentümers oder Erbbauberechtigten dürfen mit dem Betrag angesetzt werden, der für eine gleichwertige Leistung eines Dritten, insbesondere eines Unternehmers, angesetzt werden könnte; die Umsatzsteuer des Dritten darf nicht angesetzt werden.

Aufstellung der Betriebskosten nach § 2 BetrKV

Betriebskosten sind

1. die laufenden öffentlichen Lasten des Grundstücks.
   Hierzu gehört namentlich die Grundsteuer

2. die Kosten der Wasserversorgung.
   Hierzu gehören die Kosten des Wasserverbrauchs, die Grundgebühren, die Kosten der Anmietung oder anderer Arten der Gebrauchsüberlassung von Wasserzählern sowie Kosten ihrer Verwendung einschließlich der Kosten der Eichung sowie der Kosten der Berechnung und Aufteilung, die Kosten der Wartung von Wassermengenreglern, die Kosten des Betriebs einer hauseigenen Wasserversorgungsanlage und einer Wasseraufbereitungsanlage einschließlich der Aufbereitungsstoffe.

3. Die Kosten der Entwässerung.
   Hierzu gehören die Gebühren für die Haus- und Grundstücksentwässerung, die Kosten des Betriebs einer entsprechenden nicht öffentlichen Anlage und die Kosten des Betriebs einer Entwässerungspumpe.

4. Die Kosten …
   a) des Betriebs der zentralen Heizungsanlage einschließlich der Abgasanlage, hierzu gehören die Kosten der verbrauchten Brennstoffe und ihrer Lieferung, die Kosten des Betriebsstroms, die Kosten der Bedienung, Überwachung und Pflege der Anlage, der regelmäßigen Prüfung ihrer Betriebsbereitschaft und Betriebssicherheit einschließlich der Einstellung durch eine Fachkraft, der Reinigung der Anlage und des Betriebsraums, Betriebskosten.
   Die Kosten der Messungen nach dem Bundes-Immissionsschutzgesetz, die Kosten der Anmietung oder anderer Arten der Gebrauchsüberlassung einer Ausstattung zur Verbrauchserfassung sowie die Kosten der Verwendung einer Ausstattung zur Verbrauchserfassung einschließlich der Kosten der Eichung sowie der Kosten der Berechnung und Aufteilung.

   b) des Betriebs der zentralen Brennstoffversorgungsanlage.
   Hierzu gehören die Kosten der verbrauchten Brennstoffe und ihrer Lieferung, die Kosten des Betriebsstroms und die Kosten der Überwachung sowie die Kosten der Reinigung der Anlage und des Betriebsraums.

   c) der eigenständig gewerblichen Lieferung von Wärme, auch aus Anlagen im Sinne des Buchstabens a. Hierzu gehören das Entgelt für die Wärmelieferung und die Kosten des Betriebs der zugehörigen Hausanlagen entsprechend Buchstabe a.

d) der Reinigung und Wartung von Etagenheizungen und Gaseinzelfeuerstätten. Hierzu gehören die Kosten der Beseitigung von Wasserablagerungen und Verbrennungsrückständen in der Anlage, die Kosten der regelmäßigen Prüfung der Betriebsbereitschaft und Betriebssicherheit und der damit zusammenhängenden Einstellung durch eine Fachkraft sowie die Kosten der Messungen nach dem Bundes-Immissionsschutzgesetz.

5. Die Kosten
a) des Betriebs der zentralen Warmwasser-versorgungsanlage.
Hierzu gehören die Kosten der Wasserversorgung entsprechend Nummer 2, soweit sich nicht dort bereits berücksichtigt sind und die Kosten der Wassererwärmung entsprechend Nummer 4 Buchstabe a. Oder die Kosten ...

b) der eigenständig, gewerblichen Lieferung von Warmwasser, auch aus Anlagen im Sinne des Buchstabens a. Hierzu gehören das Entgelt für die Lieferung des Warmwassers und die Kosten des Betriebs der zugehörigen Hausanlagen entsprechend Nummer 4 Buchstabe a. Oder ...

c) der Reinigung und Wartung von Warmwassergeräten.
Hierzu gehören die Kosten der Beseitigung von Wasserablagerungen und Verbrennungsrückständen im Innern der Geräte sowie die Kosten der regelmäßigen Prüfung der Betriebsbereitschaft und Betriebssicherheit und der damit zusammenhängenden Einstellung durch eine Fachkraft.

6. Die Kosten verbundener Heizungs- und Warmwasserversorgungsanlagen
a) bei zentralen Heizungsanlagen entsprechend Nummer 4 Buchstabe a und entsprechend Nummer 2, soweit sie nicht dort bereits berücksichtigt sind. Oder ...

b) bei der eigenständig gewerblichen Lieferung von Wärme entsprechend Nummer 4 Buchstabe c und entsprechend Nummer 2, soweit sie nicht dort bereits berücksichtigt sind. Oder ...

c) bei verbundenen Etagenheizungen und Warmwasserversorgungsanlagen entsprechend Nummer 4 Buchstabe d und entsprechend 2, soweit sie nicht dort bereits berücksichtigt sind.

7. Die Kosten des Betriebs des Personen- und Lastenaufzugs.
Hierzu gehören die Kosten des Betriebsstroms, die Kosten der Beaufsichtigung, der Bedienung, Überwachung und Pflege der Anlage, der regelmäßigen Prüfung ihrer Betriebsbereitschaft und Betriebssicherheit einschließlich der Einstellung durch eine Fachkraft sowie die Kosten der Reinigung der Anlage.

8. Die Kosten der Straßenreinigung und Müllbeseitigung.
Zu den Kosten der Straßenreinigung gehören die für die öffentliche Straßenreinigung zu entrichtenden Gebühren und die Kosten entsprechender nicht öffentlicher Maßnahmen; zu den Kosten der Müllbeseitigung gehören namentlich die für die Müllabfuhr

zu entrichtenden Gebühren, die Kosten entsprechender nicht öffentlicher Maßnahmen, die Kosten des Betriebs von Müllkompressoren, Müllschluckern, Müllabsauganlagen sowie des Betriebs von Müllmengenerfassungsanlagen einschließlich der Kosten der Berechnung und Aufteilung.

9. Die Kosten der Gebäudereinigung und Ungezieferbekämpfung.
Zu den Kosten der Gebäudereinigung gehören die Kosten für die Säuberung der von den Bewohnern gemeinsam genutzten Gebäudeteilen, wie Zugänge, Flure, Treppen, Keller, Bodenräume, Waschküchen, Fahrkorb des Aufzugs.

10. Die Kosten der Gartenpflege.
Hierzu gehören die Kosten der Pflege gärtnerisch angelegter Flächen einschließlich der Erneuerung von Pflanzen und Gehölzen, der Pflege von Spielplätzen einschließlich der Erneuerung von Sand und der Pflege von Plätzen, Zugängen und Zufahrten, die dem nicht öffentlichen Verkehr dienen.

11. Die Kosten der Beleuchtung.
Hierzu gehören die Kosten des Stroms für die Außenbeleuchtung und die Beleuchtung der von den Bewohnern gemeinsam genutzten Gebäudeteilen, wie Zugänge, Flure, Treppen, Keller, Bodenräume, Waschküchen.

12. Die Kosten der Schornsteinreinigung.
Hierzu gehören Kehrgebühren nach der maßgebenden Gebührenordnung, soweit sie nicht bereits als Kosten nach Nummer 4 Buchstabe a berücksichtigt sind.

13. Die Kosten der Sach-, und Haftpflichtversicherung.
Hierzu gehören namentlich die Kosten der Versicherung des Gebäudes gegen Feuer-, Sturm-, Wasser- sowie sonstige Elementarschäden, der Glasversicherung, der Haftpflichtversicherung für das Gebäude, den Öltank und den Aufzug.

14. Die Kosten für den Hauswart.
Hierzu gehören die Vergütung, die Sozialbeiträge und alle geldwerten Leistungen, die der Eigentümer oder Erbbauberechtigte dem Hauswart für seine Arbeit gewährt, soweit diese nicht die Instandhaltung, Instandsetzung, Erneuerung, Schönheitsreparaturen oder die Hausverwaltung betrifft; soweit Arbeiten vom Hauswart ausgeführt werden, dürfen Kosten für Arbeitsleitungen nach den Nummern 2 bis 10 und 16 nicht angesetzt werden.

15. Die Kosten
a) des Betriebs der Gemeinschafts-Antennenanlage.
Hierzu gehören die Kosten des Betriebsstroms und die Kosten der regelmäßigen Prüfung ihrer Betriebsbereitschaft einschließlich der Einstellung durch eine Fachkraft oder das Nutzungsentgelt für eine zu dem Gebäude gehörende Antennenanlage sowie die Gebühren, die nach dem Urheberrechtsgesetz für die Kabelweitersendung entstehen. Oder ...

b) des Betriebs der mit einem Breitbandkabelnetz verbundenen privaten Verteilanlage. Hierzu gehören die Kosten entsprechend Buchstabe a, ferner die laufenden monatlichen Grundgebühren für Breitbandkabelanschlüsse.

16. Die Kosten des Betriebs der Einrichtungen für die Wäschepflege.
Hierzu gehören die Kosten des Betriebsstroms, die Kosten der Überwachung, Pflege und Reinigung der Einrichtungen, der regelmäßigen Prüfung ihrer Betriebsbereitschaft und Betriebssicherheit sowie die Kosten der Wasserversorgung entsprechend Nummer 2, soweit sie nicht dort bereits berücksichtigt sind Betriebskosten.

17. Sonstige Betriebskosten,
hierzu gehören Betriebskosten im Sinne des §1, die von der Nummer 1 bis 16 nicht erfasst sind Von der Rechtssprechung anerkannte „sonstige Betriebskosten“:

- Kosten für die Wartung von Feuerlöschgeräten
- Kosten für das Reinigen von Dachrinnen
- Kosten für die Dachrinnenheizung
- Kosten für die Prüfung von Blitzableiteranlagen
- Kosten für Brandschutzmaßnahmen
- Kosten für Wartung einer Lüftungsanlage
- Kosten für eine Gemeinschaftseinrichtung (z.B. Schwimmbad oder Sauna)
- Kosten von Brandmeldeanlagen
- Kosten der Druckerhöhungsanlage
- Kosten der Überprüfung von Elektroanlagen
- Kosten für die Wartung von Pumpen
- Kosten der Gegensprechanlage
- Kosten für die Rückstausicherung
- Reinigungskosten für Lichtschächte
- Kosten für Sicherheitsbeleuchtung/ Notstromaggregat
- Wartungskosten für eine Rauchabzugsanlage
- Kosten der Wartung von Sprinkleranlagen
- Kosten der Wartung einer Sprühwasserlöschanlage

Nach § 2 BetrKV gehören nicht zu den Betriebskosten

1. Die Kosten der zur Verwaltung des Gebäudes erforderlichen Arbeitskräfte und Einrichtungen, die Kosten der Aufsicht, der Wert der vom Vermieter persönlich geleisteten Verwaltungsarbeit, die Kosten für die gesetzlichen oder freiwilligen Prüfungen des Jahresabschlusses und die Kosten für die Geschäftsführung (Verwaltungskosten)

2. Die Kosten, die während der Nutzungsdauer zur Erhaltung des bestimmungsmäßigen Gebrauchs aufgewendet werden müssen, um die durch Abnutzung, Alterung und Witterungseinwirkung entstehenden baulichen oder sonstigen Mängel ordnungsgemäß zu beseitigen (Instandhaltungs- und Instandsetzungsmaßnahmen).

Wie verteilen sich nun diese Kostengruppen in der Regel auf ein Gebäude?

Anteil der Kostengruppen an den Gesamtbetriebskosten

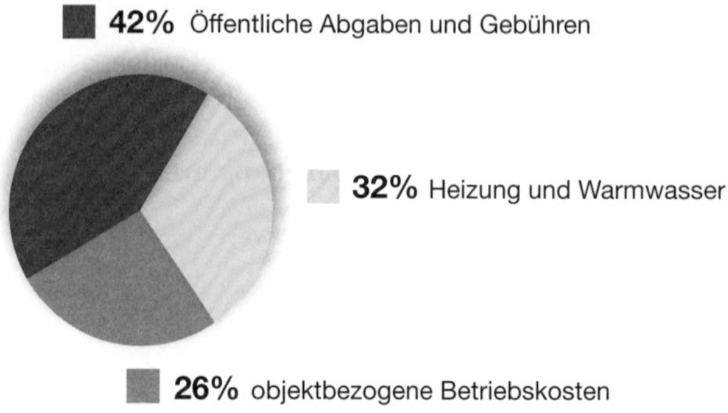

Weiter müssen wir auch eine Abgrenzung der Betriebskosten zu anderen Bewirtschaftungskosten vornehmen, da diese ebenfalls nicht umlagefähig sind.

Abgrenzung zu Anschaffungs- und Herstellungskosten

Kosten von noch anfallenden Herstellungsarbeiten bzw. Modernisierungen bei gleichzeitig bestehenden Mietverhältnissen

Beispiele

- einmalige Kabelanschlussgebühren
- Verbrauch von Brauchwasser für bauliche Maßnahmen
- Kosten für das notwendige Trockenheizen von Räumen
- Mehrkosten für Hausreinigung, bedingt durch bauliche Maßnahmen
- ersatzweise angeschaffte Zubehörteile oder Arbeitsgeräte (Glühbirnen, Besen, Staubsauger, Gartengeräte)

Abgrenzung zu Kapitalkosten

Zinsen, die im Zusammenhang mit Bewirtschaftungsaufgaben entstehen

Beispiele

- Kosten für Zwischenfinanzierung von zu niedrig angesetzten Umlagenvorauszahlungen
- Kosten für Zwischenfinanzierung zur Ausnutzung von Skonto

Abgrenzung zu Verwaltungskosten

Verwaltungskosten sind nach BGB Bestandteil der Miete (somit: nicht Betriebskosten)

Beispiele

- Kosten für das Erstellen der Betriebskostenabrechnung
  (Ausnahme: Kosten für Ablesen und Erstellen der Heizkostenabrechung)
- Kosten für die Zwischenablesung bei Mieterwechsel

Hausmeisterkosten, die nicht unter die Betriebskostenart Hauswart fallen

- Abnahme / Übergabe von Wohnungen für die Verwaltung
- Abnahme von Schönheitsreparaturen der Mieter bzw. Schadensbeseitigung durch den Mieter
- Botendienste für die Verwaltung

Abgrenzung zu Instandhaltungskosten

Instandhaltungskosten sind nach BGB Bestandteil der Miete (somit: nicht Betriebskosten)

Beispiele

- Vollwartungsverträge für Heizungsanlagen
- Vollwartungsverträge für Aufzugsanlagen
- Kosten für Rohrreinigung nach Verstopfung
- Kosten für Graffitibeseitigung

Hier sehen wir nun wie Komplex das Thema ist. Komplexe Themen können leichter zu Fehlern führen. In der Betriebskostenabrechnung der Wohnungseigentümergemeinschaft wird nicht nach umlagefähigen und nicht umlagefähigen Kosten differenziert. Die Kosten müssen nur angefallen sein. Die Unterteilung der Betriebskostenabrechnung durch den Verwalter verleitet den vermieteten Eigentümer mehr dazu, die Abrechnung des Verwalters für seine eigene Mieterabrechnung her zu nehmen. Doch hierin liegt ein erneutes Risiko! Maßgeblich sind die mietvertraglichen Vereinbarungen. Diese kennt aber der Verwalter nicht. Ein Mietvertrag muss auch nicht die volle Kostenumlage nach der Betriebskostenverordnung beinhalten.

Rechnet nun ein Wohnungseigentümer auf Grund der Verwalterabrechnung entgegen seinen mietvertraglichen Vereinbarungen ab, ist die Mieterabrechnung nicht korrekt und ein daraus resultierender Rechtsstreit birgt ein Kostenrisiko.

Daher tut der Verwalter gut daran, wenn er die Kosten aufteilt und auf diese Problematik aber auch die Eigentümer entsprechend auf die Überprüfung der mietvertraglichen Vereinbarungen hinweist.

Mieter betrachten die Betriebskosten immer kritischer. Betriebskosten werden auch immer wichtiger, da sie sich immer mehr zu einer größeren Belastung entwickelt haben. Die Quote der Betriebskosten zu Grund- / Nettomiete schwankt zwischen 25% und 57% je nach Wohnanlage. Hier wird es noch einmal deutlich, wie hoch der Einfluss auf die

Wirtschaftlichkeit der Wohnanlage ist.

Weiter müssen wir auch eine Abgrenzung der Betriebskosten zu anderen Bewirtschaftungskosten vornehmen, da diese ebenfalls nicht umlagefähig sind.

Preisentwicklung der Wohnnebenkosten
2006 gegenüber 2001 (Veränderdung in Prozent)
Quelle: ifs Berlin

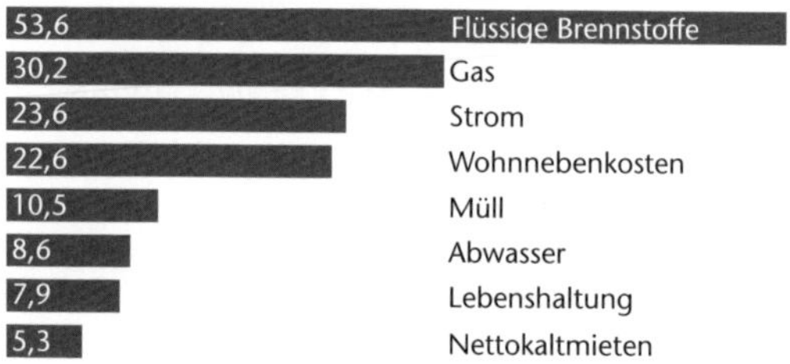

Vergleicht man nun verschiedene Wohnanlagen und Betriebskostenabrechnungen miteinander, so wird man zum Teil Abweichungen voneinander feststellen können. Wohnanlagen sind auf Grund der unterschiedlichen baulichen Struktur immer nur schwer miteinander in Relation zu stellen. Daher ist immer eine Abweichungsanalyse durchzuführen und die Ursachen im Detail zu ermitteln. Hier ein paar Anhaltspunkte:

Heizkosten:	fehlende Wärmedämmung, Heizungsanlage veraltet
Gebäudereinigung und Hausmeister:	Tätigkeit auf Geringverdienerbasis
Versicherungen:	länger laufende Verträge
Kabelgebühren:	Vertrag mit Kabelanbieter

Einleiten von Maßnahmen zur Beseitigung der Ursachen

Heizkosten:	Beauftragung eines bedarfsorientierten Gebäudeenergiepasses
Gebäudereinigung und Hausmeister:	Beauftragung eines gewerblichen Hausmeisterservices
Versicherungen:	Neuverhandlungen bzw. Kündigungen
Kabelgebühren:	Wechsel des Kabelanbieters

Aufgrund dieser Punkte tut man sich bei näherem Befassen auch schwer mit bundesweiten Betriebskostenvergleichstabellen. Regionale Aspekte und bauliche / technische Ausstattungsaspekte werden hier oft nicht ausreichend berücksichtigt.

8. Haushaltsnahe Beschäftigungsverhältnisse, Dienst-und Handwerkerleistungen

Das Bundesfinanzministerium hat in einem Anwendungsschreiben zu § 35a EStG vom 3.11.2006 an die obersten Finanzbehörden der Länder eine Neuregelung erlassen. Hiernach können nun auch Wohnungseigentümer von der Regelungen des § 35a EStG profitieren. Daher werden die Regelungen dargestellt. Der Verwaltungsbeirat wird hier auch im Rahmen seiner Berichterstattungen und Prüfungen zukünftig gefordert sein.
Im Folgenden wird § 35a EStG dargestellt.

Personal das bei der WEG angestellt ist

Gesetzeswortlaut des § 35a Absatz 1 EStG:
Für haushaltsnaher Beschäftigungsverhältnisse, die in einem inländischen Haushalt des Steuerpflichtigen ausgeübt werden, ermäßigt sich die tarifliche Einkommensteuer, vermindert um die sonstigen Steuerermäßigungen, auf Antrag um …

1. 10%, höchstens 510 Euro, bei geringfügiger Beschäftigung auf 400-Euro-Basis, jedoch mit der Einschränkung, es muss sich um eine angemeldete, haushaltsnahe Beschäftigung handeln.
2. 12%, höchstens 2.400 Euro, bei anderen haushaltsnahen Beschäftigungsverhältnissen, für die auf Grund der Beschäftigungsverhältnisse Pflichtbeiträge zur Sozialversicherung entrichtet werden und keine Beschäftigungen im Sinne des § 8 Absatz 1 Nummer 1 des Vierten Buches des Sozialgesetzes darstellen.

Es muss sich um Aufwendungen handeln, die nicht Betriebsausgaben oder Werbungskosten sind. Erwerbsbedingte Kinderbetreuungskosten fallen hier nicht darunter. Für jeden Monat, in dem die Voraussetzungen des haushaltsnahen Beschäftigungsverhältnisses nicht vorliegen ermäßigen sich die Höchstbeträge um ein Zwölftel.
Im Einkommensteuergesetz zu § 35 EStG wird eindeutig auf das Sozialgesetzbuch und zur dortigen Definition Bezug genommen. Die „normalen“ Aushilfsverhältnisse sind vom Abzug ausgenommen. Es muss sich um ein haushaltsnahes Beschäftigungsverhältnis handeln. Hier sprechen wir immer noch von den 400-Euro-Kräften. Als Nachweis der haushaltsnahen Beschäftigung dient allein die Anmeldung bei der Bundesknappschaft im sogenannten Haushaltsscheckverfahren. Dies ist allerdings nur für Privatleute zugänglich. In einer telefonischen Stellungnahme der Knappschaft zu diesem Thema, wurde mitgeteilt, dass die WEG derzeit als gewerblich (bei der Knappschaft) eingestuft wird. Eine Teilnahme am Haushaltsscheckverfahren ist daher derzeit nicht zulässig. Daher können die Kosten für Reinigung etc. im Rahmen der 400-Euro-Jobs derzeit nicht als abzugsfähige Leistung dargestellt werden.

Nach § 35a Absatz 1 Nr. 2 EStG ist die Abzugsfähigkeit für Teil- und Vollzeitkräfte (keine Mini-Jobs) geregelt. Diese sind mit einem Ansatz von 12% der auf den Eigentümer anfallenden Kosten bis zu max. 2.400 Euro p.a. abzugsfähig. Dies ist nun Gruppe 1, die in der Abrechnung ausgewiesen werden muss.

Haushaltsnahe Dienstleistungen

Der Gesetzestext des § 35a Absatz 2 Satz 1 EStG lautet wie folgt:

> Für die Inanspruchnahme von haushaltsnahen Dienstleistungen, die nicht Dienstleistungen nach Satz 2 sind und in einem inländischen Haushalt des Steuerpflichtigen erbracht werden, ermäßigt sich die tarifliche Einkommensteuer, vermindert um die sonstigen Steuerermäßigungen, auf Antrag um 20%, höchstens 600 Euro, der Aufwendungen der Steuerpflichtigen;

Unter haushaltsnahe Dienstleistungen fallen folgende begünstigte Tätigkeiten: Einkaufen, Kochen, Reinigen, Putzen, Waschen usw., ferner die Kinderbetreuung, häusliche Krankenpflege, Betreuung von pflegebedürftigen Personen sowie die Gartenarbeit. Sie werden sich fragen, was hat das nun mit der WEG zu tun?
Die Definition ist insoweit wichtig, da Sie für die Zukunft beurteilen müssen, welche Leistungen, die größtenteils auch in der WEG geleistet werden, in Frage kommen.

Zu den haushaltsnahen Dienstleistungen im Sinne des § 35 a Abs. 2 ESTG gehören alle Tätigkeiten, die auch Gegenstand eines haushaltsnahen Beschäftigungsverhältnisses sein können. Hierzu gehören die Tätigkeiten, die gewöhnlich durch Mitglieder des privaten Haushaltes erledigt werden können und in regelmäßigen, kürzeren Abständen anfallen. Als Standardbeispiel lassen sich hier die Kosten für die Reinigung von Treppenhäusern, Hausmeisterdienste, Winterdienst und Gartenpflege anführen.
Nach § 35 a ESTG sind die Aufwendungen inkl. der in Rechnung gestellten Fahrtkosten und Geräteinsatzkosten, allerdings im Rahmen der Höchstbeträge, abzugsfähig.

Materialkosten oder sonstige im Zusammenhang mit der Dienstleistung gelieferte Waren bleiben außer Ansatz. Sind diese nicht gesondert ausgewiesen, ist der Rechnungsbetrag im Schätzungswege aufzuteilen. Dies ist allerdings für Sie nicht zu empfehlen, da Ihnen dann die Pflicht der Aufteilung und die entsprechende Verantwortung zufällt. Sie müssen hier den Rechnungsaussteller unbedingt darauf hinweisen, das bisher pauschaliert abgerechnetes Kleinmaterial oder Materiallieferungen unbedingt gesondert ausgewiesen werden müssen.

Dies ist nun Gruppe 2, die in der Abrechnung ausgewiesen werden muss.

Handwerkerleistungen

Der Gesetzestext des § 35a Absatz 2 Satz 2 EStG lautet wie folgt:

> Für die Inanspruchnahme von Handwerkerleistungen für Renovierungs-, Erhaltungs- und Modernisierungsmaßnahmen, die in einem inländischen Haushalt des Steuerpflichtigen erbracht werden, ermäßigt sich die tarifliche Einkommenssteuer, vermindert um die sonstigen Steuerermäßigungen, auf Antrag um 20 von Hundert, höchstens 600 Euro, der Aufwendungen des Steuerpflichtigen.

Doch nun nicht genug. Das Gesetz zur steuerlichen Förderung von Wachstum und Beschäftigung sieht u. a. vor, dass die Arbeitskosten für die Modernisierung und Instandhaltung des Wohnraums in Privathaushalten steuerreduzierend zu berücksichtigen sind. Auch hier bleiben Materialkosten außer Ansatz. Hier sind 20%, bis zu einem Betrag von 3.000 Euro, also bis zu 600 Euro, einmal pro Haushalt von der Steuer abzuziehen.

Begünstigt sind nun, entgegen der bisherigen Rechtslage auch solche Handwerkerleistungen, die in aller Regel nur der Fachmann erbringen kann. Die Aufwendungen müssen einen Bezug zum Haus oder Grundstück haben. Als Richtlinie kann gelten, dass generell Aufwendungen für Instandhaltungsmaßnahmen abzugsfähig sind, die bei Erstellung der Steuererklärung für Einkünfte aus Vermietung und Verpachtung auch abzugsfähig wären. Handwerkliche Tätigkeiten im Rahmen einer Neubaumaßnahme sind nicht begünstigt.

Was sind nun handwerkliche Leistungen in diesem Sinne?

- Arbeiten an Innen- und Außenwänden,
- Arbeiten am Dach, an der Fassade, an Garagen, o.ä.,
- Reparatur oder Austausch von Fenstern und Türen,
- Streichen / Lackieren von Türen, Fenstern (innen und außen), Wandschränken, Heizkörpern und -rohren,
- Reparatur, Wartung oder Austausch von Heizungsanlagen, Elektro-, Gas- und Wasserinstallationen,
- Maßnahmen der Gartengestaltung,
- Pflasterarbeiten auf dem Wohngrundstück.

Auch Kontrollaufwendungen (z.B. Gebühr für den Schornsteinfeger oder für die Kontrolle von Blitzschutzanlagen) sind begünstigt. Das Gleiche gilt für handwerkliche Leistungen für Hausanschlüsse (z.B. Kabel für Strom oder Fernsehen), soweit die Aufwendungen die Zuleitungen zum Haus oder zur Wohnung betreffen und nicht im Rahmen einer Neubaumaßnahme anfallen; Aufwendungen im Zusammenhang mit Zuleitungen, die sich auf öffentlichen Grundstücken befinden, sind nicht begünstigt. Dagegen begünstigt sind auch Aufwendungen im Rahmen von Beschäftigungsverhältnissen (keine Mini-Jobs in der WEG) im Rahmen der Treppenhausreinigung oder Gartenpflege. Hier zählen sämtliche mit der Beschäftigung anfallenden Kosten zu den absetzbaren Lohnkosten, also neben den eigentlichen Lohnkosten auch die Sozialversicherungsbeiträge, Verwaltungsberufsgenossenschaft sowie die Lohnsteuer etc. Dies gilt nunmehr auch für die haushaltsnahen Dienstleistungen sowie Beschäftigungsverhältnisse bei Wohnungseigentümergemeinschaften. Kosten für Hausmeister, Hausreinigung, Winterdienst und Grünanlagepflege durch eine Firma sind ebenso mit beinhaltet. Eine Situation auf die sich nunmehr alle Immobilienverwalter einstellen müssen.

Voraussetzungen, wer die Tätigkeit ausübt, gibt es keine. Eine Eintragung in die Handwerksrolle ist z.B. nicht erforderlich. Es können auch Kleinunternehmer beauftragt werden.

Auch hier die Frage, was wird begünstigt?
Die Aufwendungen für den Arbeitslohn der Handwerksleistung einschließlich des hierauf entfallenden Anteils an Mehrwertsteuer, jedoch auch hier nicht die Materialkosten. Allerdings gilt, Herstellungsarbeiten sind nicht begünstigt. Es darf also nichts Neues geschaffen werden. Wenn ein Pauschalpreis vereinbart wurde, wie z. B. bei einem Fliesenleger, ist nach einer Verfügung der OFD Koblenz es nicht zu beanstanden, wenn der ausgewiesene Rechnungsbetrag wie folgt ergänzt wird.

„Im Rechnungsbetrag in Höhe von .... sind Materialkosten in Höhe von .... enthalten." Bei offensichtlich ausgestellten Gefälligkeitsrechnungen, wo der Materialanteil bewusst niedrig gehalten ist, muss der Aufteilungsmaßstab dann im Wege einer Schätzung ermittelt werden.

Dies ist nun Gruppe 3, die in der Abrechnung ausgewiesen werden muss.

Voraussetzungen für die Förderung:

- Die Arbeitskosten und die anteilige Mehrwertsteuer müssen auf der Rechnung separat ausgewiesen werden.
- Die Bezahlung muss unbar auf das Konto des Handwerksbetriebs erfolgen. Barquittungen werden nicht anerkannt.
- Die Leistungen müssen nach dem 31.12.2005 erbracht worden sein.
- Der Steuerbonus wird im Rahmen der Einkommensteuererklärung nachträglich mit der festgesetzten Einkommensteuer verrechnet.
- Für die Aufwendungen darf keine Steuerermäßigung für geringfügige Beschäftigung im Sinne § 35a Abs. 1 ESTG in Anspruch genommen worden sein.

Was kann nun im Rahmen der Einkommenssteuer in Abzug gebracht werden?

Unsere 3 Fallgruppen:

1. Lohnkosten gemäß Fallgruppe 1 =
   12% max. 2.400 Euro (§ 35a Absatz 1 Nr. 2 EStG)
2. Haushaltsnahe Dienstleistungen gemäß Fallgruppe 2 =
   20% max. 600 Euro (§ 35a Absatz 2 Satz 1 EStG)
3. Handwerkerleistungen gemäß Fallgruppe 3 =
   20% max. 600 Euro (§ 35a Absatz 2 Satz 2 EStG)

Im § 35a Absatz 3 EStG wird darauf verwiesen, dass zwei Alleinstehende, die in einem Haushalt wohnen, die Höchstbeträge nach Abs. 1 und 2 jeweils nur einmal in Anspruch nehmen können. Und das ist nun interessant, da der Steuerpflichtige auf diesem Wege bis zu 3.600 Euro in Abzug bringen kann!

Gestaltungsempfehlung
Der Handwerker, der im Bereich der haushaltsnahen Dienstleistung sowie im Bereich der Handwerkerleistung tätig ist, muss die Rechnung aufteilen, um beide Höchstbeträge entsprechend in Anspruch nehmen zu können.

Beispiel
Gartenpflegearbeiten fallen in den Bereich der haushaltsnahen Dienstleistungen. Maßnahmen der Gartengestaltung hingegen in die Gruppe der Handwerkerleistungen. Führt eine Firma nun Arbeiten in beiden Bereichen durch, z.B. Heckenschnitt (Gartenpflege) und Baumfällen (Gartengestaltung), so ist in der Rechnung entsprechend zu differenzieren und beide Bereiche zu berücksichtigen.

Was benötigt nun der Wohnungseigentümer?
Nach der **Randnummer 25** des Anwendungsschreibens: „Bei Wohnungseigentümern und Mietern ist erforderlich, dass die auf den einzelnen Wohnungseigentümer und Mieter entfallenden Aufwendungen … in der Jahresabrechnung gesondert aufgeführt sind“.
Eine Alternative wäre „oder durch eine Bescheinigung des Verwalters oder Vermieters nachgewiesen sind.“ Hierzu müsste der Verwalter eine separate Bescheinigung ausstellen. Mit der entsprechenden Jahresabrechnung oder Bescheinigung können nun über die Einkommenssteuererklärung die Beträge steuermindernd geltend gemacht werden.

Weitere Informationen und Details liefert die Broschüre „Haushaltsnahe Dienst- und Handwerkerleistungen in der Praxis des Wohneigentums“ von Steffen Haase, die ebenfalls im Grabener Verlag erschienen ist.

V. Sonderaufgaben des Verwaltungsbeirates – Der Sanierungsbeirat

1. Mögliche Sonderaufgaben

Sonderaufgaben, die dem Beirat durch Beschluss übertragen werden können, wurden schon aufgeführt. Umfangreiche Sanierungsmaßnahmen besitzen immer eine große Bedeutung für Eigentümergemeinschaften. Nicht nur, weil viel Geld ausgegeben wird, man will auch eine dauerhafte Sanierung bzw. Instandsetzung für die Eigentümergemeinschaft erreichen.
Grundsätzlich ist es Eigentümergemeinschaften zu empfehlen, ein Fachbüro mit der Begleitung und Betreuung großer Sanierungsmaßnahmen zu beauftragen. Das Fachbüro sollte dann die Grundlagenermittlung, Ausschreibung der Arbeiten, Vergabe der Arbeiten und Begleitung bis hin zur Abnahme und Gewährleistungsüberwachung übernehmen. Dies verursacht zwar regelmäßig Mehrkosten, die man aber unter dem Strich durch eingesparte Arbeiten ausgleicht. D.h. durch ein Fachplanungsbüro spart man in aller Regel Geld.
Verwalter und Fachplaner begrüßen es meist, wenn es ein Gremium gibt, das während der Sanierungsphase das Bindeglied zwischen Bau und Eigentümergemeinschaft darstellt. Entscheidungen müssen häufig und oft kurzfristig getroffen werden, um den Bauverlauf nicht zu gefährden.
Wer dieses Buch bislang aufmerksam gelesen hat, würde sich nun wundern, wenn hier ein Superentscheidungsgremium entstehen könnte. Dies ist selbstverständlich nicht der Fall.
Die Eigentümergemeinschaft kann den Verwalter nur mit entsprechenden Vollmachten versehen. Er muss dann die Entscheidungen treffen oder eine Eigentümerversammlung zur Entscheidung einberufen.
Ihm kann nur ein beratendes Fachgremium zur Seite gestellt werden – der Sanierungsbeirat. Wie der Verwaltungsbeirat hat ein Sanierungsbeirat auch nur beratende Funktion. Er muss sich jedoch nicht nur aus Verwaltungsbeiräten zusammen setzen – auch andere Wohnungseigentümer können in das Gremium integriert werden. Dies kann dann besonders interessant sein, wenn Wohnungseigentümer von Fach sind und ihre Erfahrung mit einbringen können.

2. Wie werden Sonderaufgaben vergeben?

Sonderaufgaben müssen nicht übernommen werden. Sie sind freiwillig. Niemand kann zu der Übernahme einer Sonderaufgabe gezwungen werden. Auch für Verwaltungsbeiräte besteht keine Verpflichtung. Sogar wenn die Eigentümergemeinschaft hierzu einen Beschluss gefasst hat, ist niemand dazu verpflichtet – es bedarf der Annahme der Aufgabe durch die jeweilige Person.

3. Haftung bei Sonderaufgaben

Hierbei handelt es sich nicht um gesetzliche Aufgaben des Verwaltungsbeirates. Sondergremien sind im Gesetz auch nicht geregelt. Die Versicherungen für Verwaltungsbeiräte greifen daher auch nicht bei Schadensfällen, die auf eine Tätigkeit in einem Sondergremium zurückzuführen sind. Das heißt, im Falle der begründeten Inanspruchnahme haftet das Mitglied des Sanierungsbeirates mit seinem Privatvermögen.
Da ein derartiges Gremium aber keine Aufträge verteilen darf und keine Weisungen geben darf, ist die Möglichkeit der Haftung auch gering.

VI. Sonderaufgaben des Verwaltungsbeirates – Auswahlkriterien an einen Immobilienverwalter

Im Rahmen der Auswahl eines geeigneten Verwalters hat der Verwaltungsbeirat oft eine besondere Aufgabe. Er ist es der die Wohnanlage und Eigentümer gut kennt. Oft wird der Verwaltungsbeirat nun Angebote von verschiedenen Verwaltern einholen, Kandidaten auswählen und 2-3 Verwalter der Eigentümerversammlung vorstellen oder vorstellen lassen. Die Eigentümerversammlung nimmt dann die Bestellung des Verwalters vor.
Doch nach welchen Auswahlkriterien sollte man vorgehen? Hier stellt sich die Frage, wieso benötige ich überhaupt Auswahlkriterien? Der Verwalterberuf ist leider völlig ungeschützt. Jeder kann ihn ohne jegliche Qualifikation ausüben. Es sind keinerlei Prüfungen oder Nachweise erforderlich. Schwarze Schafe erkennt man auch nicht auf den ersten Blick.
Aber der Immobilienverwalter verwaltet große Vermögenswerte, er ist als treuhänderischer Sachverwalter tätig, ist in einer Vertrauensstellung tätig und muss sehr viele Wissensbereiche abdecken. Dies sind Recht, Betriebswirtschaft, Technik und Psychologie. Passt das zusammen. Nein, natürlich nicht. Daher ist es unbedingt erforderlich Auswahlkriterien zu definieren.

Welche Kriterien gibt es nun?

Kriterien der Außendarstellung auf den ersten Blick:

- Ist der Mitglied eines Berufverbandes, z.B. in einer regionalen Gliederung des Dachverbandes Deutscher Immobilienverwalter?
- Ist er nach DIN ISO 9001 / 2000 zertifiziert?
- Wurde er durch ein angesehenes Unternehmen (z.B. TÜV) zertifiziert?

Qualifikation / Ausbildung / Abschlüsse

- Kaufmann der Grundstücks- und Wohnungswirtschaft
- Fachkaufmann für die Wohnungseigentumsverwaltung

- Immoblienverwalter ebs / DDIV
- Studium (Betriebswirt / Jurist / Ingenieur)
- Immobilienökonom ebs
- Sonstige Zusatzqualifikationen (Sachverständiger etc.)

Neben den erwähnten Kriterien sind weitere Merkmale von Bedeutung.
Doch hier ist genaueres Hinsehen erforderlich. Man sollte sich einen Fragebogen zur Verwalterauswahl zur Hand nehmen. Doch wie finde ich einen geeigneten Verwalter.

Fragt man Verwalter, wie sie die meisten Neukunden bekommen, so hört man immer die gleiche Antwort: persönliche Empfehlung, Gelbe Seiten und Internet. Im Internet bieten sich auch die Seiten der Verwalterverbände an, wie z.B. www.immobilienverwalter.de . Hier findet man die im Verband organisierten Verwalter. Doch welche Fragen sollte man einem Verwalter stellen? Nachfolgend ist ein Fragenkatalog zusammen gestellt.

Person des Verwalters

- Übt er die Tätigkeit haupt- oder nebenberuflich aus?
- In welcher Rechtsform wird die Tätigkeit ausgeübt?
- Welchen Befähigungs- und Qualitätsnachweis hat der Verwalter?
- Welche Abteilungen (Kaufmännisch, Rechtlich, Technisch) hat das Unternehmen?
- Welche Arten von Verwaltung (WEG, Miet, Gewerbe) werden ausgeübt?
- Welche Referenzen sind vorhanden?
- Ist der Verwalter Mitglied eines Fachverbandes?

Verwalterbüro

- Unter welcher Anschrift ist der Verwalter erreichbar?
- Gibt es feste Ansprechpartner?
- Ist das Büro ständig besetzt?
- Liegen feste Bürozeiten vor?
- Gibt es ein Notfalltelefon?
- Gibt es feste Sprechstunden für Kunden?

Leistungsangebot

- Gibt es die Möglichkeit eines individuellen Verwaltervertrages?
- Werden die Leistungen des Verwalters in dem Vertrag genau beschrieben?
- Welche Zusatzleistungen kann der Verwalter neben den Grundleistungen als besondere Leistungen übernehmen und zu welchen Konditionen?

4. Versicherungen

- Welche Berufshaftpflichtversicherung hat der Verwalter abgeschlossen und welche Deckungssummen für Personenschäden und andere Schäden stehen zur Verfügung?

- Vermögenshaftpflichtversicherung?
- Sachhaftpflichtversicherung?

Vertragskonditionen

- Welche Vergütung fordert der Verwalter für seine Leistung?
- Welche Anpassungsklausel für die Konditionen wird gewünscht?
- Welcher Stundenlohnsatz wird für Zeithonorare in Ansatz gebracht?
- Wie wird die Vergütung aufgeteilt bei Sondereigentum (Wohnungen) und Teileigentum (Gewerbe)?
- Wann ist die Verwaltergebühr fällig?

Vertragslaufzeit

- Kündigungsfristen des Vertrages?
- Dürfen Teilleistungen des Vertrages auf Dritte übertragen werden, z.B. technische Berater?
- Soll die Verwalterbestellung eine kürzere Laufzeit als fünf Jahre haben?
- Sind Verlängerungsklauseln bis fünf Jahre vorgesehen?

Abrechnungen

- Bis wann werden die Abrechnungen im Unternehmen erstellt?
- Bis wann erfolgt die Eigentümerversammlung?
- Hat der Verwalter eine eigene EDV-Anlage oder ist er einem (welchem) Rechenzentrum angeschlossen?
- Bei welchen Geldinstituten unterhält der Verwalter die Konten und die Instandhaltungsrücklagen?

Vollmachten

- Welche Vollmachten wünscht der Verwalter?
- Bis zu welcher Höhe dürfen Aufträge frei vergeben werden?
- Sind auch Vollmachten zur Geltendmachung rückständiger Wohnlasten gerichtlich, außergerichtlich oder durch Einschaltung eines Anwaltes gewünscht?

Instandhaltung

- Welche Aufgaben übernimmt der Verwalter bei der Instandhaltung und Instandsetzung?
- Wie oft führt der Verwalter Objektbegehungen durch und durch wen?
- Werden Zustandsberichte zur Planung der Instandhaltung erstellt und zu welchen Konditionen?
- Wer vergibt bis zu welcher Höhe Reparaturaufträge?
- Welche Instandhaltungsrücklage wird empfohlen?

- Wie informiert der Verwalter den Verwaltungsbeirat?
- Bietet der Verwalter Beiratsseminare an?
- Welche unterstützenden Maßnahmen erwartet der Verwalter vom Verwaltungsbeirat?

VII. Der Beirat aus Sicht des Verwalters – Warum ist die Aufgabe interessant?

Der Verwaltungsbeirat darf nichts! Er entscheidet nichts! Wieso kann dann die Aufgabe des Verwaltungsbeirates interessant sein?
Als Verwalter stellte ich die Behauptung auf:
Die Aufgabe des Verwaltungsbeirates ist eine sehr interessante Aufgabe!
Der Wohnungseigentümer hat sich für ein Eigenheim in Form einer Eigentumswohnung entschieden. In der Eigentümergemeinschaft ist man kein Alleinentscheider, sondern muss die Beschlüsse der Eigentümergemeinschaft akzeptieren. Man ist auf Mehrheiten angewiesen und muss Kosten- und Ausgabeentscheidungen als Mehrheitsentscheidungen akzeptieren.
Der Verwalter hält das Zepter in der Hand. Doch der Verwaltungsbeirat berät den Verwalter und kann somit seine persönliche Note mit einbringen. Er kann durch Beratung das Leben in der Eigentümergemeinschaft aktiv mitgestalten. Und dies macht die Aufgabe interessant.
Die Stellung des Beirats verlangt keine Entscheidungen, selten muss er den Kopf hinhalten – er berät. Geht etwas schief, kann er anmerken: Das habe ich doch schon immer gesagt, mein lieber Verwalter. Hättest du mal auf mich gehört.
Aber darum soll es uns doch nicht gehen. Ich persönlich finde es immer wichtig, wenn man aufgeschlossen ist für Neues und sich für seine Umwelt einsetzt und sie mit gestaltet. Dies kann in der Politik, in Vereinen oder Wohlfahrtsverbänden erfolgen. Es kann aber auch im persönlichen Wohnumfeld erfolgen – im Verwaltungsbeirat.
Der Verwaltungsbeirat genießt bei den Eigentümern Ansehen, wird vom Verwalter als Berater und Vermittler geschätzt und hat in einem harmonischen Miteinander zwischen Beirat und Verwaltung eine Stellung, die ihm viel Freiraum gibt. Dieser Freiraum ist von dem Verwaltungsbeirat verantwortlich auszuschöpfen.
Im Rahmen dieser verantwortlichen Tätigkeit kann der Verwaltungsbeirat viel Gutes für die Eigentümergemeinschaft tun und gleichzeitig auch seine Intensionen mit vertreten. Von einem harmonischen und sachlichen Miteinander profitieren alle: Eigentümergemeinschaft, Beirat selber und nicht zuletzt der Verwalter.

Abschließend zeige ich Ihnen ein Gespräch zwischen Verwalter und einem Eigentümer auf. Vielleicht kann es die ein oder andere Bedeutung des Verwaltungsbeirates unterstreichen.

Eigentümer: Ich habe die Einladung zur nächsten Eigentümerversammlung bekommen. Sie haben wieder den Punkt „Bestellung eines Verwaltungsbeirates“ aufgenommen. Wieso?

Verwalter: Ihre Eigentümergemeinschaft hat seit zwei Jahren keinen Verwaltungsbeirat mehr. Und ich halte einen Beirat für sinnvoll.

Eigentümer: Wieso verpflichten wir dann nicht einfach einen oder mehrere Eigentümer?

Verwalter: Das geht nicht. Das Beiratsamt ist ein freiwilliges Amt. Das Gesetz sagt auch, die Eigentümer können einen Beirat bestellen. Sie müssen nicht. Man kann keinen Eigentümer hierzu verpflichten!

Eigentümer: Dann kommen wir mit Sicherheit nie zu einem Beirat. Wer engagiert sich denn heute noch? Ich würde das ja vielleicht machen. Aber ich bin nicht handwerklich geschickt und möchte auch nicht immer in meiner Ruhe gestört werden, wenn mal eine Glühbirne im Treppenhaus kaputt ist oder ein Rohr verstopft ist.

Verwalter:: Stop, nun werfen Sie aber verschiedene Aufgabenbereiche zusammen in einen Topf. Wir müssen hier einmal trennen. Wir haben den Verwalter, den Hausmeister und den Verwaltungsbeirat. Die von ihnen angesprochenen Kleinreparaturen fallen in den Aufgabenbereich des Hausmeisters. Der Verwaltungsbeirat hat andere Aufgaben.

Eigentümer: So, welche?

Verwalter: Der Verwaltungsbeirat ist ein Kontroll- und Beratungsorgan. Er berät den Verwalter bei der Durchführung seiner Aufgaben und kontrolliert einmal jährlich die vom Verwalter erstellte Abrechnung. Hierüber berichtet er dann den anderen Eigentümern auf der Eigentümerversammlung.

Eigentümer: Aha, das hört sich nun aber mehr buchhalterisch an. Welche Vorkenntnisse benötigt man.

Verwalter: Man benötigt grundsätzlich keine Vorkenntnisse oder besondere Qualifikationen. Natürlich ist es aber von Vorteil, wenn im Verwaltungsbeirat Vorkenntnisse in den Bereichen Buchhaltung, Technik oder Juristerei vorhanden sind.

Eigentümer: Also doch.

Verwalter: Nein, wünschenswert ist es. Aber das ist doch auch so im Vereinsvorstand. Als Schatzmeister wünscht man sich einen Steuerberater. Aber wie viel Schatzmeister sind Steuerberater? Wichtig für einen Verwaltungsbeirat ist, dass er die Wohnanlage kennt, die Interessen der Eigentümer vertritt und einen gesunden Menschenverstand hat. Der Verwalter ist bestrebt, immer für die Wohnanlage das Optimale zu erreichen. Hierfür ist aber eine genaue Detailkenntnis der Objektstruktur erforderlich. Und hier kann der Verwaltungsbeirat den Verwalter unterstützen. Der Verwalter bringt seine fachlichen Kenntnisse ein – der Beirat die Besonderheiten des Objektes und gemeinsam findet man die optimale Lösung für die Wohnanlage.

Eigentümer: Das hört sich nun aber nach viel Zeit an. Daher wird sich bei uns in der Wohnanlage wohl keiner mehr für das Amt finden?

Verwalter: Der erforderliche Zeiteinsatz ist von Objekt zu Objekt und von Beirat zu Beirat ganz unterschiedlich. Es gibt Verwaltungsbeiräte die im Jahr fünf Stunden für das Amt benötigen, andere investieren ganze Tage.

Eigentümer: Und welcher Zeiteinsatz ist für unsere Wohnanlage erforderlich?

Verwalter: Ich würde ihre Wohnanlage für ordentlich strukturiert und verwaltet halten. Der Zeiteinsatz wird hier eher von ihren persönlichen Wünschen definiert. Aus Sicht des Verwalters kommen wir mit 1-2 Beiratssitzungen im Jahr inkl. der Belegprüfung aus. Wobei die Beiratsitzungen jetzt nicht mit Eigentümerversammlungen zu vergleichen sind. Bei Beiratssitzungen werden zwei oder drei Punkte besprochen und abgestimmt. Eine Beiratssitzung dauert daher in der Regel eine Stunde. Mit Belegprüfung vielleicht 1-2 Stunden länger.

Eigentümer: Das hört sich ja überschaubar an. Wieso finden wir dann keinen Beirat?

Verwalter: Die wirklichen Aufgaben des Verwaltungsbeirates sind vielen Wohnungseigentümern nicht bekannt. Erinnern Sie sich an die vorhin von Ihnen gestellte Frage. Viele Eigentümer sehen in dem Beirat weit mehr als das Gesetz ihm zugedacht hat. Und das ist mit ein Hauptproblem. Viele Eigentümer sehen den Beirat als Streitschlichter und Kontrolleur der Hausordnung. Dies ist er aber nicht.

Eigentümer: Und wie kann ich mich dagegen wehren?

Verwalter: Dies geht nur durch Aufklärung. Sie können sich für alles einspannen lassen. Ob sie dann aber glücklich werden weiß ich nicht. Beirat und Verwaltung müssen die Eigentümer über die Aufgaben eines Beirates aufklären. Zusätzlich muss der Beirat auch deutlich mal „nein“ sagen, wenn Wünsche an ihn herangetragen werden, die nicht in seinen Bereich fallen und die er nicht wahrnehmen möchte.

Eigentümer: Nun werden wir mal konkret. Wenn ich Beirat werden will – was muss ich dann tun?

Verwalter: Die Bestellung erfolgt auf der kommenden Eigentümerversammlung. Sie sollten daher anwesend sein. Da der Verwaltungsbeirat aus drei Personen besteht wäre es schön, wenn Sie im Vorfeld vielleicht noch zwei Mitstreiter finden würden. Dies ist aber nicht unbedingt erforderlich.

Eigentümer: Gut, auf der Versammlung kandidiere ich dann. Und es findet sich kein weiterer Eigentümer. Können wir dann einen Mieter oder Nichteigentümer bestellen?

Verwalter: Es ist erforderlich, dass der Verwaltungsbeirat als Eigentümer im Grundbuch eingetragen ist. Ist er dies nicht, so wird der Beschluss im Falle einer Anfechtung aufgehoben. Ein solcher Beschluss ist daher nicht unbedingt zu empfehlen.

Eigentümer: Aber Sie haben vorhin von drei Beiräten gesprochen. Ich bin nun alleine. Verstoßen wir nicht hier auch gegen das Gesetz?

Verwalter: Das ist richtig. Uns fehlen zwei Beiräte. Auch die Bestellung von nur einem Beirat ist anfechtbar. Aber nun einmal praktisch. Wenn sich kein weiterer findet – wird auch kaum ein anderer den Beschluss anfechten. In der Regel sind die anderen Miteigentümer froh, wenn sich überhaupt einer findet.

Eigentümer: Da mögen Sie recht haben. Korrekt ist es aber nicht?

Verwalter: Sie haben mich richtig verstanden.

Eigentümer: Wenn ich dann gewählt bin – was muss ich dann tun? Hilft mir jemand oder stehe ich ganz alleine da?

Verwalter: Nein, Sie werden nicht alleine dastehen! Wir arbeiten dann zusammen. Als Verwalter erledigen wir die Arbeiten des täglichen Geschäftes. Wenn wir Sie nach dem Gesetz, einer Beschlusslage oder auf Grund unserer Erfahrung benötigen, dann kontaktieren wir Sie. Wir als Verwalter bereiten Ihnen den Sachverhalt dann so auf, dass Sie sich ein Bild machen können und uns bei der Entscheidung beraten können. Auch dies ist eine unserer Aufgaben als Verwalter. Aber genauso können Sie sich jederzeit an uns wenden und Dinge, die Sie beschäftigen mit uns besprechen.

Eigentümer: Und wie läuft eine Belegprüfung ab? Ich habe so etwas noch nie gemacht.

Verwalter: Auch das ist kein Hexenwerk. Die Belegprüfung findet in unseren Büroräumen statt. Meine Buchhaltung stellt alle erforderlichen Unterlagen zur Prüfung bereit und erklärt Ihnen alles. Auch hier können Sie Fragen stellen. Wenn ein Wechsel im Beirat stattfindet, ist es häufig so, dass ein erfahrener Beirat im Gremiun verbleibt und neue nachrücken. Dann übernimmt der erfahrene Beirat die Einweisung des neuen Beirates. Dies geht in Ihrem Fall nicht, da kein alter Beirat vorhanden ist. Hier erhalten Sie die „Einarbeitung“ dann von uns.

Eigentümer: Schaffe ich das auch. Zahlen sind nicht so mein Ding.

Verwalter: Da bin ich mir ganz sicher. Sie wären auch nicht der erste Beirat, der das schafft. Die Abrechnung einer Eigentümergemeinschaft ist keine Bilanz, sondern eine schlichte Einnahmen- und Ausgabenabrechnung. Richten Sie Ihr Augenmerk bei der Prüfung erst einmal auf die Belege. Sind für alle Kontenbewegungen Belege vorhanden, sind die Ausgaben / Arbeiten in unserer Wohnanlage entstanden und wurde die Rechnung korrekt bearbeitet? Wenn Sie dies überprüfen, haben Sie schon einen großen Schritt getan.

Eigentümer: Gut, das hört sich machbar an. Und Sie stehen mir bei Fragen zur Verfügung?

Verwalter: Selbstverständlich.

Eigentümer: Und wenn ich mal nicht mehr kann oder will? Wie werde ich das Amt wieder los?

Verwalter: Auch das ist nicht schwer. Im dem Beschluss zur Bestellung eines Verwaltungsbeirates definiert man in der Regel auch seine Amtsdauer. Denn das Gesetz sieht keine Regelamtszeit vor. Auch sieht die Gemeinschaftsordnung Ihrer Wohnanlage keine Amtszeit vor. Das heißt, bei Bestellung legen wir auch durch Beschluss Ihre Amtszeit fest. Als „erste Zeit“ kann man ja erst einmal ein oder zwei Jahre wählen. Das ist ein kurzer und überschaubarer Zeitraum. Aber sie sind nicht fest an die zwei Jahre gebunden. Sie können jederzeit auch von dem Amt zurücktreten. Hierfür reicht eine einfache Erklärung gegenüber dem Verwalter aus. Einen Rücktritt brauchen Sie noch nicht einmal zu begründen.

Eigentümer: Das ist ja wirklich unkompliziert.

Verwalter: Richtig.

Eigentümer: Sagen Sie mal, hafte ich eigentlich auch für meine Tätigkeit als Verwaltungsbeirat? Sie wissen ja, unsere Gemeinschaft ist etwas zerstritten – nicht das mir finanzielle Nachteile drohen.

Verwalter: Das ist eine sehr wichtige Frage. Grundsätzlich haftet jeder für sein Tun. Egal ob er als Verwaltungsbeirat handelt oder als Privatperson. Da der Beirat ein überprüfendes und beratendes Gremium ist und kein handelndes, ist seine Haftung recht gering. Verlässt der Beirat natürlich seinen gesetzlichen Aufgabenumfang, so vergrößert sich natürlich auch die Haftung.

Eigentümer: Greift da eigentlich meine private Haftpflichtversicherung?

Verwalter: Ich bin kein Versicherungsexperte. Aber in der Regel ist die Organhaftung im Rahmen der privaten Haftpflichtversicherung ausgeschlossen. Und der Verwaltungsbeirat ist ein Organ der Eigentümergemeinschaft. Daher dürfte hier kein Versicherungsschutz bestehen.

Eigentümer: Oh, also volles Risiko?

Verwalter: Nicht unbedingt. Jedes Risiko ist versicherbar, so auch das der Verwaltungsbeiräte. Hier gibt es spezielle Vermögensschadenshaftpflichtversicherungen für Verwaltungsbeiräte. Diese werden immer für das Gremium abgeschlossen. Unabhängig davon, wer oder wie viele Personen der Beirat gerade hat. Die Versicherungen sind auch nicht teuer. Je nach Deckungssumme kosten diese 60 Euro bis max. 250 Euro pro Jahr für den kompletten Verwaltungsbeirat.

Eigentümer: Das ist ja wirklich nicht teuer. Und dann bin ich vollumfassend abgesichert?

Verwalter: Dann ist Ihre Tätigkeit als Verwaltungsbeirat im Rahmen der gesetzlichen Aufgaben des Verwaltungsbeirates abgesichert. Überschreiten Sie diesen, haben sie die Versicherung nicht mehr im Rücken. Meine Meinung ist: der gesetzliche Aufgabenumfang bringt ein geringes Haftungsrisiko mit sich – das sehen auch die Versicherungen so – daher ist der Beitrag auch so niedrig. Aber bitte verstehen Sie mich nicht falsch. Ich spreche mich nicht grundsätzlich gegen die Versicherung aus. Ein geringer Beitrag schützt den Verwaltungsbeirat, gibt ihm Sicherheit und schützt sein Privatvermögen. Das ist ein wesentlicher Punkt. Von daher kenne ich viele Eigentümergemeinschaften, die die Versicherung für ihren Verwaltungsbeirat abgeschlossen haben. Es gibt auch Verwaltungsbeiräte, die das Amt nur übernehmen, wenn eine entsprechende Versicherung besteht.

Eigentümer: Hat unsere Gemeinschaft eine Versicherung für die Beiräte?

Verwalter: Nein, aber das können wir ja mit der Eigentümergemeinschaft besprechen und einen Beschluss fassen. Aber diesen Punkt müssen wir in der Tagesordnung ankündigen.

Eigentümer: Gut, dann merken Sie sich den Punkt bitte vor – falls ich gewählt werde. Wird die Tätigkeit eigentlich vergütet? Bei uns im Verein erhalten wir Sitzungsgeld.

Verwalter: Der Beirat erhält keine Vergütung. Die Eigentümergemeinschaft kann aber einen pauschalen Ersatz der Unkosten beschließen. Nach dem Bürgerlichen Gesetzbuch haben Sie einen Anspruch auf Auslagenersatz nach

Beleg. Damit Sie nicht Belege sammeln müssen, kann ein Beschluss zur Pauschalierung gefasst werden. Sie erhalten dann das Geld pauschal und haben im Gegenzug nicht mehr die Pflicht Belege vorlegen zu müssen.

Eigentümer: Aha, das hört sich ja auch vernünftig an. Notieren Sie auch diesen Punkt für die nächste Tagesordnung. Das hört sich alles doch recht gut an.

Verwalter: Sie wollen also kandidieren?

Eigentümer: Ja, Sie haben mich nicht abschrecken können.

Verwalter: Das wollte ich auch nicht. Ich freue mich.

Eigentümer: Ich habe Bilanz gezogen und dabei erkannt wie wichtig das Amt des Verwaltungsbeirates ist. Ich kann einfach nicht völlig ohne Interesse für die Eigentümergemeinschaft sein. Schließlich bin ich Miteigentümer und es ist auch mein Eigentum und Vermögen. Und daher möchte ich darauf achten, dass es gut verwaltet wird und meine Vermögensanlage optimal bewirtschaftet wird. Nichts gegen Sie, aber …

Verwalter: … Vertrauen ist gut, Kontrolle ist besser.

Eigentümer: Genau. Und wenn wir gut zusammen arbeiten, werden wir das Kind schon schaukeln. Ich freue mich jetzt schon auf das Amt. Jetzt überlege ich noch, ob ich zwei Mitstreiter finde.

Verwalter: Viel Erfolg. Wir sehen uns dann auf der Eigentümerversammlung. Wenn sie noch Fragen haben, rufen Sie mich einfach an.

Eigentümer: Mache ich. Und noch einmal vielen Dank.

VIII. Rechtsprechung zum Verwaltungsbeirat

OLG Düsseldorf, Beschluss vom 9.11.2001 - 3 Wx 13/01

Leitsatz

1. Genehmigen die Wohnungseigentümer vorbehaltlos die Jahresabrechnung, so liegt hierin zugleich die Entlastung des Verwalters jedenfalls dann, wenn besondere Umstände einigen Gewichts (hier z. B. u. a. Hinweis auf Vorabübersendung der Abrechnung an alle Eigentümer und Prüfung derselben durch den Beirat im Beschlusstext bei gleichzeitiger Wiederwahl des Verwalters für eine Amtsperiode von weiteren fünf Jahren und entsprechender Verlängerung des Verwaltervertrages) hinzutreten.
2. Selbst wenn – was offen bleiben mag – aus heutiger Sicht bei verständiger Würdigung von einem Willen der Gemeinschaft, den Verwalter durch Genehmigung der Jahresabrechnung zu entlasten, nicht mehr auszugehen wäre, weil die Entlastung stets ordnungsgemäßer Verwaltung widerspreche, so gilt dies jedenfalls nicht schon für ein zu bewertendes Verhalten der Wohnungseigentümer bzw. des Beirats aus den Jahren 1994 und 1995.
3. Übt der Verwaltungsbeirat seine Kontrollpflicht nach § 29 Abs. 3 WEG überhaupt nicht oder, ohne den Verwalter um die Vorlage aussagekräftiger Unterlagen zu ersuchen, nur oberflächlich und daher unzureichend aus und erlangt er deshalb keine Kenntnis davon, für welche Leistungen im Zusammenhang mit der „Rechtswahrung" der Verwalter Sonderhonorare beansprucht, vereinnahmt und als Kosten in die Jahresabrechnung eingestellt hat, so muss sich die Eigentümerversammlung entsprechend § 166 Abs. 1 BGB so behandeln lassen, als hätte sie vor ihrer Beschlussfassung Kenntnis von diesen Vorgängen gehabt und die Jahresabrechnung mit diesem Kenntnisstand gebilligt.

Tenor

Auf das Rechtsmittel des Beteiligten zu 2 werden die Entscheidungen der Vorinstanzen geändert.
Der auf Verpflichtung des Beteiligten zu 2 zur Zahlung gerichtete Antrag der Beteiligten zu 1 wird insgesamt zurückgewiesen.
Die Kosten des gesamten Verfahrens trägt die Beteiligte zu 1.
Eine Kostenerstattung findet in allen drei Rechtszügen nicht statt.
Wert des Beschwerdegegenstandes: 22.020,20 DM.

Normenkette

WEG § 21 Abs. 3-4, §§ 28, 29 Abs. 3; BGB § 166 Abs. 1

Rechtszug

LG Düsseldorf (19 T 161/00)
AG Neuss (27 a II 113/99 WEG)

Entscheidungsgründe

I.

Der Beteiligte zu 2 war bis einschließlich Juni 1996 Verwalter der Wohnungseigentümergemeinschaft ... in .... Gleichzeitig hat er dort mehrere Wohnungen inne. Nach § 4 Abs. 2 des zwischen dem Antragsgegner und der Gemeinschaft geschlossenen Verwaltervertrages vom 19. November 1991 betrug die monatliche Vergütung des Antragsgegners 23,- DM je Wohnungseigentum und 2,- DM je Teileigentum (Garage/ Stellplatz), jeweils zuzüglich Mehrwertsteuer. § 4 Abs. 4 des Verwaltervertrages lautet: „Nicht mit der Verwaltervergütung nach Abs. (2) abgegolten sind

- Gebühren für Mahnungen an zahlungssäumige Wohnungseigentümer (je Mahnung DM 20,00 zuzügl. MWST)
- Kosten für eigentümerseits erwünschte Kopie aus Verwaltungsakten – in Anbetracht des höheren Aufwandes für das Zusammensuchen – in Höhe von DM 1,00 pro Stück zuzügl. Porto und MWST
- Gutachter- und Sachverständigenhonorare (Rechtsanwälte, Architekten, Ingenieure)
- Gerichts- und Rechtsanwaltskosten
- Kopie- und Zustellungskosten für notwendige Informationsschreiben an die Eigentümer
- Bei Wahrung von Gerichts- und Anwaltsterminen wird dieser Aufwand pro Stunde abgerechnet. Der Stundensatz gilt mit DM 80,00 zuzügl. MWST für den Verwalter selbst bzw. für seinen Vertreter und mit DM 48,00 zuzügl. MWST für den Sachbearbeiter als vereinbart.
- Alle Positionen gelten immer zuzügl. MWST. Porto- und Kopiekosten in Höhe von DM 0,30 pro Stück."

Durch inzwischen bestandskräftigen Eigentümerbeschluss vom 1. Juli 1996 wurde der Beteiligte zu 2 mit sofortiger Wirkung aus seinem Verwalteramt abberufen; zugleich wurde die Antragstellerin zur neuen Verwalterin bestellt.

Die Antragstellerin hat den Antragsgegner auf Rückzahlung von Sonderhonoraren an die Gemeinschaft in Höhe von insgesamt 22.530,20 DM in Anspruch genommen, die der Antragsgegner in den Jahren 1993 und 1994 für die Bearbeitung von gerichtlichen Verfahren, an denen der Miteigentümer K... beteiligt war, berechnete und aus Gemeinschaftsmitteln auf sein Konto überwies. Die mit Eigentümerbeschluss vom 02. Dezember 1998 zur gerichtlichen Geltendmachung im eigenen Namen ermächtigte Beteiligte zu 1 hat beantragt, den Beteiligten zu 2 zu verpflichten, an sie als Verwalterin der Wohnungseigentümergemeinschaft 22.530,20 DM nebst 4 % Zinsen seit dem 20. Mai 1999 zu zahlen. Das Amtsgericht hat am 21. Februar 2000 den Beteiligten zu 2 unter Ablehnung des weitergehenden Antrages verpflichtet, an die Beteiligte zu 1 22.020,20 DM nebst 4 % Zinsen seit dem 20. Mai 1999 zu zahlen.

Zur Begründung hat es ausgeführt: Der Antragsgegner habe den vorgenannten Betrag zu Unrecht als Honorar vereinnahmt. Nach § 4 Abs. 4 des Verwaltervertrages könne der Antragsgegner Honorare nur für die Teilnahme an Gerichts- oder Anwaltsterminen beanspruchen. Eine Sondervergütung für sonstige Tätigkeiten des Verwalters im Zusammenhang mit gerichtlichen Verfahren – insbesondere für Vorbereitungsaufwand, der nicht mit der Terminswahrnehmung in unmittelbarem Zusammenhang stehe – sei nach dieser Regelung nicht vorgesehen. Auch dem Beschluss zu TOP 8 der Eigentü-

merversammlung vom 26. April 1990 könne ein weitergehender Vergütungsanspruch nicht entnommen werden. Denn dort sei lediglich bestimmt, dass ein säumiger Miteigentümer den dem Verwalter für die Geltendmachung des Anspruchs entstandenen Aufwand zu vergüten habe. Ein Anspruch des Verwalters gegen die Gemeinschaft lasse sich dem nicht entnehmen. Ob der Beirat die Auszahlungen an den Antragsgegner gebilligt habe sei ohne Belang, da der Beirat keine Honoraransprüche mit Wirkung gegen die Gemeinschaft habe begründen können. Die Einstellung der Honorare in die bestandskräftigen Jahresabrechnungen sei nicht rechtsbegründend, weil auch tatsächlich angefallene unberechtigte Ausgaben in die Jahresabrechnung einzustellen seien.
In Ermangelung der Darlegung einer Teilnahme an Anwaltsterminen sei die Wahrung von Gerichtsterminen wie folgt zu honorieren (§ 287 ZPO):
27 a II 23/91: 3 Termine á 1 Std. (3 x 80,- DM + 15%) 276,- DM
27 a II 136/91: 2 Termine á 1 Std. (2 x 80,- DM + 15%) 184,- DM.
Folgende Honorare habe der Beteiligte zu 2 als Verwalter dagegen ohne rechtlichen Grund vereinnahmt:

27 a II 6/92 AG Neuss: .... 2.631,20 DM
(kein Gerichtstermin; Aufwand für Anwaltstermin nicht dargetan)
27 a II 23/91 AG Neuss: .... 16.665,80 DM
(nur 276,- DM für 3 Stunden; sonst wie vor)
19 T 345/92 LG Düsseldorf: .... 276,- DM
(keine Beteiligung)
37 C 503/92 AG Neuss: .... 1.564,- DM
(Keine Wahrnehmung eines Gerichtstermins;
Besprechungstermin mit Rechtsanwalt nicht dargetan)
27 a II 126/91 AG Neuss .... 331,20 DM
(2 Stunden Gerichtstermin; sonst wie vor)
19 T 34/92 LG Düsseldorf: .... 276,- DM
(Kein Sachbezug)
ohne Aktenzeichen .... 276,- DM
(Bezug auf gerichtliches Verfahren nicht ersichtlich)..... **22.020,20 DM**

Die hiergegen gerichtete sofortige Beschwerde des Beteiligten zu 2 hat das Landgericht nach Beweisaufnahme am 01. Dezember 2000 zurückgewiesen.
Gegen die Entscheidung der Kammer wendet sich der Beteiligte zu 2 mit seiner sofortigen weiteren Beschwerde, der die Beteiligte zu 1 entgegentritt.
Wegen der Einzelheiten des Vorbringens wird auf den Akteninhalt Bezug genommen.

II.
Das zulässige Rechtsmittel ist begründet. Die angefochtene Entscheidung beruht auf einer Verletzung des Gesetzes (§ 27 FGG).
1.
Das Landgericht hat zur Begründung ausgeführt, die Beteiligte zu 1 könne von dem Beteiligten zu 2 22.020,20 DM zurückverlangen, weil er diesen Betrag ohne Rechtsgrund (§ 812 Abs. 1 Satz 1 1. Alt. BGB) erlangt habe. Ein rechtlicher Grund für die

Vereinnahmung der Honorare ergebe sich nicht aus dem Verwaltervertrag vom 19. November 1991. Denn dieser sehe in § 4 Abs. 4 als zusätzliches Honorar neben der Pauschalvergütung einen Stundensatz in Höhe von 48,- DM bzw. 80,- DM nur bei Wahrung von Gerichts- und Anwaltsterminen vor. Wie sich der geltend gemachte Stundenaufwand auf bestimmte Verfahren verteile und dass er dort gerade für Gerichts- und Anwaltstermine angefallen sei, habe der Antragsgegner – worauf bereits das Amtsgericht hingewiesen habe – nicht dargetan. Die Vernehmung der Zeugin K... sowie des Zeugen G... habe ebenso wenig wie die Anhörung des Eigentümers S... ergeben, dass die hier maßgeblichen Stunden gerade für Gerichts- bzw. für Anwaltstermine angefallen seien. Demnach sei der Antragsgegner zur Rückzahlung der Beträge verpflichtet. Soweit der Antragsgegner neben der Zeit für die Terminswahrnehmung auch den Zeitaufwand für die Vor- und Nachbereitung der Termine mit 80,- DM bzw. 48,- DM je Stunde vergütet wisse wolle, folge ein solcher Anspruch weder aus dem insoweit eindeutigen Verwaltervertrag noch aus dem Eigentümerbeschluss vom 26. April 1990, der allein den Zweck gehabt habe, säumige Schuldner mit den Kosten zu belasten, die der Gemeinschaft durch deren Säumnis entstehen und nicht Ansprüche des Verwalters habe begründen wollen.
In Ansehung der hiernach zu Unrecht vereinnahmten Sonderhonorare sei eine Entlastung des Antragsgegners als Verwalter für die Geschäftsjahre 1993 und 1994 weder ausdrücklich noch durch Billigung der diese Kosten beinhaltenden Jahresabrechnungen erfolgt. Darüber hinaus sei der auf Erstattung zu Unrecht vereinnahmter Honorare gerichtete Anspruch der Gemeinschaft auch bei Annahme einer konkludenten Billigung derselben durch die Eigentümerbeschlüsse vom 19. Juli 1994 über die Jahresabrechnung 1993 und vom 16. Oktober 1995 über die Jahresabrechnung 1994 nicht ausgeschlossen, weil die eigenmächtige Vereinnahmung der Honorare sich als strafbare Untreue (§ 266 StGB) gegenüber der Gemeinschaft darstelle, auf die sich eine etwaige Entlastung des Verwalters ohnehin nicht erstrecke.

2. Diese Erwägungen halten der dem Senat obliegenden rechtlichen Nachprüfung nicht stand. Eine Sperre für die Rückforderung der vom Beteiligten zu 2 zu Unrecht vereinnahmten Sonderhonorare liegt – entgegen der Auffassung des Landgerichts – in einer in der Billigung der Jahresabrechnungen 1993 und 1994 zu sehenden konkludenten Entlastungswirkung im Hinblick auf die Amtsführung des Beteiligten zu 2.a) aa)
Entlastung ist die im WEG nicht geregelte durch Mehrheitsbeschluss erfolgende Erklärung der Wohnungseigentümer, dass ihnen gegen den Verwalter Ansprüche wegen der in der Abrechnung dargestellten Vorgänge nicht mehrzustehen. Diese kann durch förmlichen Beschluss oder auch konkludent erfolgen. Die neuerdings verschiedentlich aufgeworfene Frage, ob ein Eigentümerbeschluss, durch den dem Verwalter Entlastung erteilt wird, überhaupt ordnungsgemäßer Verwaltung entsprechen kann, auf die jeder Wohnungseigentümer einen Anspruch hat (§ 21 Abs. 3, 4 WEG), weil damit mögliche Ansprüche aufgegeben werden, ohne dass die Wohnungseigentümer dazu verpflichtet wären und der Verwalter darauf einen Anspruch hätte, braucht hier nicht entschieden zu werden (verneinend AG Kerpen ZMR 1998, 376, 378; Köhler, ZMR 1999, 293; Sauren, Das Praxislexikon Wohnungseigentum Stichwort: Entlastung S. 98; vgl. auch Demharter, ZWE 2001, 256). Denn nichtig ist ein solcher Eigentümer-

beschluss jedenfalls nicht (BayObLG ZMR 2001, 567, 568).
Der Beschluss über die Jahresabrechnung und über die Entlastung des Verwalters betrifft jeweils einen rechtlich unterschiedlichen Gegenstand. Ob gleichwohl regelmäßig angenommen werden kann, dass dem Verwalter mit dem Beschluss über die Jahresabrechnung Entlastung erteilt wird (BayObLG WE 1989, 64, 65; KG NJW-RR 1987, 79; Senatsbeschluss – 3 Wx 92/00 – vom 30. Oktober 2000; Bärmann/Pick/Merle WEG 8. Auflage 2000 § 28 Rdz. 109) oder ob es hierzu im Einzelfall des Hinzutretens besonderer Umstände bedarf, mag dahinstehen. Denn letztere sind – wie noch zu zeigen sein wird (s.u.b) im Streitfall gegeben.

b)

Die Entlastung des Verwalters hat die Wirkung eines negativen Schuldanerkenntnisses der Wohnungseigentümer gegenüber dem Verwalter, das im Umfang der Entlastung Schadensersatzansprüche und konkurrierende Ansprüche wegen solcher Vorgänge ausschließt, die bei der Beschlussfassung den Wohnungseigentümern bekannt oder für sie bei Anwendung zumutbarer Sorgfalt erkennbar waren (BGH ZMR 1997, 308; BayObLG ZMR 2001, 567; OLG Köln ZMR 2001, 913; Staudinger-Bub WEG § 28 Rdz. 438; Bärmann/Pick/Merle WEG 8. Auflage 2000 § 28 Rdz. 112). Die Entlastungswirkung bezieht sich hierbei nicht nur auf die Jahresabrechnung selbst, sondern auch auf das den Zahlungsvorgängen zugrunde liegende Verwaltungshandeln (vgl. OLG Köln a.a.O.; Senat ZMR 2001, 301).
Für eine etwaige Kenntnis und ein etwaiges Kennenmüssen von Vorgängen kommt es normalerweise auf den Kenntnisstand aller Wohnungseigentümer an (BayObLG ZMR 2001, 558). Dies kann allerdings dann nicht gelten, wenn ein Verwaltungsbeirat besteht und auf ihn die Kontrolle des Verwaltungshandelns delegiert ist. In diesem Fall kann es naturgemäß nur auf den Kenntnisstand der für die Wohnungseigentümergemeinschaft Handelnden, also der einzelnen Mitglieder des Verwaltungsbeirats ankommen. Dabei muss sich die Wohnungseigentümergemeinschaft die Kenntnis bzw. das Kennenmüssen, also im Rechtssinne das Wissen des Verwaltungsbeirats, der gemäß § 29 Abs. 3 WEG die Jahresabrechnung zu überprüfen hat oder auch nur eines Mitgliedes des Verwaltungsbeirats, das an der Rechnungsprüfung teilgenommen hat, entsprechend § 166 Abs. 1 BGB zurechnen lassen (vgl. OLG Köln a.a.O.; Senat ZMR 2001, 301; Bärmann/Pick/Merle WEG § 28 Rdz. 112; Staudinger-Bub, WEG § 28 Rdz. 443; Köhler ZMR 2001, 865, 867).

bb)

Dies vorausgeschickt ist das Landgericht zu Unrecht davon ausgegangen, in den Wohnungseigentümerversammlungen vom 19. Juli 1994 und 16. Oktober 1995 sei der Beteiligte zu 2 durch die Wohnungseigentümer nicht entlastet worden. Wenn auch weder die Einladungen zu diesen Versammlungen einen Tagesordnungspunkt „Entlastung des Verwalters" enthalten noch in den Niederschriften über die Versammlungen ausdrücklich von der „Entlastung der Verwaltung" die Rede ist, so bedeutet dies nicht schon, dass die Wohnungseigentümer dem Verwalter Entlastung nicht erteilt haben. Zwar enthält die Genehmigung der Abrechnung nicht wesensnotwendig die Entlastung des Verwalters. Auch bedarf es keiner abschließenden Entscheidung darüber, ob wenn – wie hier – über die Entlastung kein gesonderter Beschluss gefasst wird und sich die Wohnungseigentümer bei der Genehmigung der Jahresabrechnung die Entlastung nicht ausdrücklich oder zumindest schlüssig vorbehalten, von einer Entlastung des

Verwalters grundsätzlich auszugehen ist (so Senat ZWE 2001, 270; vgl. Staudinger-Bub, Rdz. 18 zu § 28 WEG m.w.N.). Jedenfalls ergibt sich vorliegend aus der vorbehaltlosen Genehmigung der Jahresabrechnungen durch Mehrheitsbeschlüsse der Wohnungseigentümer konkret ein Indiz für die Auslegung, dass dem Verwalter in Bezug auf die in der Abrechnung dargestellten Zahlungsvorgänge einschließlich des zugrunde liegenden Verwalterhandelns stillschweigend Entlastung erteilt werden sollte. Die Wohnungseigentümer haben in der Versammlung vom 19. Juli 1994 unter TOP 4 „Jahresabrechnung 1993 Gesamt- und Einzelabrechnung" und in der Versammlung vom 16. Oktober 1995 unter TOP 7, ehemals TOP 3," Jahresabrechnung 1994/Gesamt- und Einzelabrechnung 1994" die Jahresabrechnungen jeweils mit Stimmenmehrheit beschlossen, ohne auf die Entlastung des Verwalters besonders einzugehen. Dass die Beschlussfassungen zur Genehmigung der Jahresabrechnungen einzelne Positionen sowie die damit verbundene Entlastung des Verwalters ausnehmen sollten, geht weder aus den Beschlussfassungen noch aus dem sonstigen Inhalt der jeweiligen Niederschriften hervor. Was die Jahresabrechnung 1993 anbetrifft, so spricht schon der Beschlusstext zu TOP 4 der Eigentümerversammlung vom 19. Juli 1994 („Die Gesamt- und Einzelabrechnung 1993 wurde mit Datum 03.06.1994 an alle Eigentümer gesandt. Geprüft durch Beirat und Wirtschaftsprüfer. Erläuterungen wurden bereits versandt. Die vorgelegte Jahresabrechnung 1993 wird als Gesamt- und Einzelabrechnung beschlossen....") für Kenntnis und uneingeschränkten Entlastungswillen. Hinzu kommt, dass der Beteiligte zu 2 zu TOP 2 A auf Vorschlag des Beirats mit Wirkung vom 22. September 1994 für weitere 5 Jahre zum Verwalter bestellt und sein Verwaltervertrag entsprechend verlängert, dem Beteiligten zu 2 also dasVertrauen ausgesprochen worden ist. Der in der Eigentümerversammlung vom 16. Oktober 1995 zu TOP 7 (ehemals TOP 3) gefasste Beschluss über die Jahresabrechnung 1994 enthält im Eingang noch detailliertere Angaben zu den Voraussetzungen der Beschlussfassung („...Sachverhalt: Die Gesamtjahresabrechnung und die Einzelabrechnungen 1994 wurden am 17.5.1995 den Eigentümern zugesandt. Alle Ausgaben sind durch den Beirat zeitnah geprüft, da zu jeder Auszahlung vom Bankkonto der WEG die Unterschrift von je einem Verwaltungsbeiratsmitglied und des Verwalters nötig ist. Die Buchhaltung, die Rechnungsprüfung sowie die Objektübersicht der Buchhaltung wurden durch den Beirat, die Herren Dr. N... und Dipl. Ing. F..., am 16.5.1995 geprüft und zur Beschlussfassung ohne Beanstandungen vorgeschlagen. Die Erläuterungen der Einnahmen und Ausgaben wurden an alle Eigentümer versandt..."). Die Jahresabrechnung wurde ohne Einschränkung mit großer Mehrheit (388 Ja-Stimmen, 4 Nein-Stimmen, keine Enthaltung) gebilligt, dies obwohl der Beteiligte zu 2 per 30.9.1995, also für die nachfolgende Abrechnungsperiode, nach dem Willen der Mehrheit der Wohnungseigentümer Rechnung legen und die Vollständigkeit der vorgelegten Abrechnung eidesstattlich versichern sollte. Hieraus ergibt sich einerseits, dass die Wohnungseigentümer die Amtsführung des Beteiligten zu 2 durchaus kritisch verfolgten, andererseits, dass sie gegen dieselbe jedenfalls für das Geschäftsjahr 1994 Einwendungen nicht erheben wollten. Gegen diese Auslegung kann auch nicht eingewandt werden, bei verständiger Würdigung sei von einem Willen der Gemeinschaft, den Verwalter durch Billigung der Jahresabrechnungen für 1993 und 1994 zu entlasten, schon deshalb nicht auszugehen, weil eine Entlastung nicht ordnungsgemäßer Verwaltung entspreche. Denn zur Zeit der Beschlussfassungen wurde die Frage, ob eine Verwalterentlastung überhaupt ordnungsgemäßer Verwaltung entsprechen kann – soweit ersichtlich – in Literatur und Rechtsprechung noch nicht diskutiert; es galt vielmehr – wie es noch heute gängige Rechtsprechung ist (BayObLG WE 1989, 64, 65; KG NJW-RR 1987, 79; Senat a.a.O.) und der herrschenden Meinung entspricht (Bärmann/Pick/Merle WEG 8. Auflage 2000 § 28 Rdz. 109), dass – bei Fehlen gegenteiliger Anhaltspunkte – regelmäßig angenommen wurde, dem Verwalter sei mit dem Beschluss über die Jahresabrechnung zugleich für diese Abrechnungsperiode Entlastung erteilt. Auch dies spricht dafür, dass die Wohnungseigentümer – bzw. ihnen zurechenbar der Verwaltungsbeirat – zur Zeit der Beschlussfassung davon ausgehen mussten und davon ausgegangen sind, dass die vorbehaltlose Billigung der Jahresabrechnung als Entlastung des Verwalters für die entsprechende Abrechnungsperiode angesehen wurde.

c)

Die dem Beteiligten zu 2 hiernach erteilte Entlastung würde allerdings der Geltendmachung des Rückzahlungsanspruchs hinsichtlich der 22.020.20 DM nicht entgegen stehen, wenn die Vorgänge, die einen Rückzahlungsanspruch begründen würden, bei der Beschlussfassung über die Genehmigung der Jahresabrechnung und die Entlastung nicht bekannt und für die Wohnungseigentümer auch nicht erkennbar gewesen wären (vgl. Staudinger-Bub Rdz. 438 zu § 28 WEG m.w.N.) oder ihnen ein strafbares Verhalten des Verwalters zugrunde liegen würde (vgl. Bärmann/Pick/Merle WEG 8. Auflage 2000 § 28 Rdz. 112) Dies ist indes nicht der Fall. Es kann nämlich nicht angenommen werden, dass die von dem Beteiligten zu 2 für seine Tätigkeit im Zusammenhang mit der Wahrung der Rechte der Gemeinschaft dem Gemeinschaftskonto für sich entnommenen und in die Jahresabrechnungen für 1993 und 1994 eingestellten Sondervergütungen in dem von den Vorinstanzen befürworteten Erstattungsumfang dem Beirat und auch den Wohnungseigentümern in den Versammlungen unbekannt waren oder zumindest bei der gebotenen sorgfältigen Prüfung nicht hätten bekannt sein müssen. Dabei kommt es nicht darauf an, ob jeder Wohnungseigentümer die Entnahme der Sonderhonorare für die Bearbeitung gerichtlicher Verfahren durch die Beteiligte zu 2 „erfasst" hatte, es genügt, dass jedenfalls die Mitglieder des Verwaltungsbeirates die Entnahme der Beträge durch den Beteiligten zu 2 kannten oder aber kennen mussten (vgl. Staudinger-Bub Rdz. 443 zu § 28 WEG).

Es kann in diesem Zusammenhang offen bleiben, ob der Verwaltungsbeirat oder einzelne Mitglieder desselben – worauf die Beschlusseingänge hindeuten – die Jahresabrechnungen vor den Beschlussfassungen der Wohnungseigentümergemeinschaft jeweils geprüft und ob ihnen hierbei Abrechnungen bzw. Aufwandsnachweise in Bezug auf die vereinnahmten Sondervergütungen vorgelegen haben.

War dies der Fall, so ist der Verwalter entlastet, weil kein Anhalt dafür besteht, dass die eingestellte Sondervergütung bei der Prüfung mit der gebotenen Sorgfalt als solche nicht erkennbar war und jedenfalls von der subjektiven Seite her – entgegen der Auffassung des Landgerichts – keinesfalls als festgestellt geltend kann, dass der Beteiligte zu 2 sich durch die Berechnung und Abbuchung der in Rede stehenden Sondervergütung – für letztere bedurfte es lt. § 5 (2) Satz 2 der Teilungserklärung und nach dem Kontoeröffnungsantrag vom 31. Juli 1989 der zweiten Unterschrift eines Beiratsmitgliedes – (gemäß § 266 StGB o.ä.) strafbar gemacht hat. Infolge Fahrlässigkeit unterbliebene Kenntniserlangung seitens des Verwaltungsbeirats hätten sich die Wohnungseigentümer als „Kennenmüssen" zurechnen zu lassen. Würde der Verwaltungsbeirat

indes seine Kontrollpflicht nach § 29 Absatz 3 WEG überhaupt nicht oder ohne den Verwalter um Vorlage entsprechender Unterlagen über die Kosten der Rechtswahrung zu ersuchen, nur oberflächlich und daher unzureichend ausgeübt haben und hätte der Verwaltungsbeirat deshalb keine Kenntnis davon erlangt, für welche Leistungen im Zusammenhang mit der „Rechtswahrung" der Beteiligte zu 2 Sonderhonorare beansprucht, vereinnahmt und als Kosten in die Jahresabrechnungen eingestellt hatte, so würde die Eigentümergemeinschaft sich auch insoweit so behandeln lassen müssen, als hätte sie vor den Beschlussfassungen Kenntnis von diesen Vorgängen gehabt und die Jahresabrechnungen mit diesem Kenntnisstand gebilligt.
Die dem Beteiligten zu 2 mit der Genehmigung der Jahresabrechnungen hiernach erteilte Entlastung schließt – wie ein negatives Schuldanerkenntnis – jegliche Ansprüche der Wohnungseigentümer gegen den Beteiligte zu 2 aus ungerechtfertigter Bereicherung, Geschäftsführung ohne Auftrag oder unerlaubter Handlung wegen der entnommenen Sondervergütungen aus.
Auf das Rechtsmittel des Beteiligten zu 2 waren deshalb die Entscheidungen der Vorinstanzen – soweit sie ihn zur Rückzahlung der Sondervergütung für verpflichtet erklärt haben – zu ändern, und der auf Verpflichtung zur Rückzahlung der Sondervergütung gerichtete Antrag der Beteiligten zu 1 war abzulehnen.
Die Kostenentscheidung beruht auf § 47 WEG. Eine Erstattung außergerichtlicher Kosten aus Billigkeitsgesichtspunkten kommt mit Rücksicht auf die divergierenden Entscheidungen nicht in Betracht.

KG Berlin, Beschluss vom 8.1.1997 - 24 W 7947/95

Leitsatz
Weder einem einzelnen Wohnungseigentümer noch der Gemeinschaft steht gegen Mitglieder des Verwaltungsbeirats ein gerichtlich titulierbarer und dann mit Zwangsmitteln durchsetzbarer Anspruch auf Erstellung eines Prüfberichts zu. Bei Versagen dieses Organs ist vielmehr eine Neuwahl angezeigt, und ein einzelner Wohnungseigentümer kann hierauf einen Anspruch haben.

Tenor
Die sofortige weitere Beschwerde des Antragstellers gegen den Beschluss des Landgerichts Berlin vom 27. September 1995 – 87 T 457/94 (WEG) wird zurückgewiesen.
Der Antragsteller hat die Gerichtskosten des Rechtsbeschwerdeverfahrens zu tragen; außergerichtliche Kosten sind nicht zu erstatten.
Der Wert des Rechtsbeschwerdeverfahrens beträgt 10.500,00 DM.

Normenkette
WEG § 29

Beteiligte
2. die übrigen Wohnungseigentümer der oben bezeichneten Wohnungseigentumsanlage, gemäß der dem Beschluss des Amtsgerichts Schöneberg vom 7. Oktober 1994

beigefügten Liste mit Ausnahme des Antragstellers

Rechtszug
LG Berlin (87 T 457/94 (WEG)) / AG Berlin-Schöneberg (76 II 144/94 (WEG))

Entscheidungsgründe
Die Wohnungseigentümer haben in der Versammlung vom 13. Mai 1994 zahlreiche Beschlüsse gefasst, die der Antragsteller rechtzeitig angefochten hat. Gegenstand des Rechtsbeschwerdeverfahrens sind nur noch die folgenden Beschlüsse:
1. Zu TOP 3, das ist die Jahresabrechnung 1993 und die Entlastung des Verwalters
2. TOP 7, das ist die der Verwalterin erteilte Befugnis, für einen Rechtsstreit mit dem Antragsteller ein Anwaltsmandat zu erteilen und
3. der Antrag, den Verwaltungsbeirat zu verpflichten, einen Bericht über die Jahresabrechnung 1989 zu erstatten.
Das Amtsgericht hat mit Beschluss vom 7. Oktober 1994 u. a. auch diese Anträge zurückgewiesen. Das Landgericht hat mit Beschluss vom 27. September 1995 die sofortige Beschwerde des Antragstellers zurückgewiesen. Hiergegen richtet sich die frist- und formgerecht zu Protokoll des Urkundsbeamten der Geschäftsstelle eingelegte Rechtsbeschwerde des Antragstellers.
Das Rechtsmittel ist unbegründet; denn die Entscheidung des Landgerichts ist frei von Rechtsfehlern.

1. Zu den Anfechtungsanträgen:
Zu TOP 3: Der Antragsteller rügt hier lediglich, die Abrechnung enthalte keine geordnete Zusammenstellung der Einnahmen und Ausgaben, weil sie nicht unterschrieben sei und die mehreren Seiten nicht zusammengeheftet seien. Diese Rüge ist unbegründet. Der Senat hat in seinem die Abrechnung 1991 betreffenden, dem Antragsteller bekannten Beschluss vom 22. November 1995 – 24 W 2452/95 – entschieden, dass die Mehrheit der Wohnungseigentümer eine von dem Verwalter nicht unterschriebene, auf mehreren nicht miteinander verbundenen Seiten niedergelegte Jahresabrechnung als ausreichende Grundlage für den Beschluss ansehen kann, der die Abrechnung als richtig anerkennt und die Höhe des jährlichen Wohngeldes damit verbindlich festlegt. Es besteht keine Veranlassung, von dieser Rechtsprechung abzuweichen. Andere, insbesondere inhaltliche Mängel der Abrechnung deckt der Vortrag des Antragstellers nicht auf. Auch gegen die Entlastung der Verwalterin sind Bedenken nicht erkennbar.

Zu TOP 7: Rechtsfehlerfrei hat das Landgericht hierzu entschieden, dass dieser Wohnungseigentümerbeschluss nicht gegen Grundsätze ordnungsmäßiger Verwaltung verstößt. Dem Verwalter ist in § 16 Abs. 4 lit. a der Teilungserklärung die Befugnis eingeräumt, die Wohnungseigentümer in Angelegenheiten der laufenden Verwaltung gerichtlich und außergerichtlich zu vertreten. Damit ist ihm auch die Befugnis erteilt, im Regelfall einen Anwalt mit der Vertretung zu beauftragen (BGH NJW 1993, 1924; BayObLGZ 1991, 165, 168 = NJW - RR 1992, 81 = WE 1992, 144; Hauger in Weitnauer WEG 8. Auflage § 27 Randnr. 21 m.w. Hinw.). Der Antragsteller trägt nichts dafür vor, dass hier ein Ausnahmefall vorliegt, der die Beauftragung eines Rechtsanwaltes nicht rechtfertigen würde.

2. Zum Verpflichtungsantrag:
Der Antragsteller beantragt, den Verwaltungsbeirat zu verpflichten, die im Senatsbeschluss vom 23. Juni 1993 – 24 W 1622/93 – S. 3 erwähnte, auf dem Wohnungseigentümerbeschluss vom 27. April 1990 beruhende Verpflichtung zu erfüllen, die Belege der Jahresabrechnung 1989 zu überprüfen und darüber einen Bericht zu erstatten. Das das Landgericht auch diesen Antrag zurückgewiesen hat, ist jeden falls im Ergebnis rechtsfehlerfrei.
Ein Antrag ist unzulässig (vgl. BGHZ 106, 222 = NJW 1989, 1091 = MDR 1989, 436 = WE 1989, 94), wenn der Antragsteller ohne einen dahingehenden Beschluss der Wohnungseigentümer nicht befugt ist, diesen allen Wohnungseigentümern gemeinschaftlich zustehenden Anspruch allein gerichtlich geltend zu machen. Aus dem in § 21 Abs. 1 WEG festgelegtem Grundsatz der allen Wohnungseigentümern gemeinschaftlich zustehenden Verwaltungszuständigkeit für das gemeinschaftliche Eigentum folgt, dass ein einzelner Wohnungseigentümer grundsätzlich Ansprüche gegen den Verwalter oder andere Wohnungseigentümer gerichtlich nur geltend machen kann, wenn die Wohnungseigentümer ihn dazu durch einen entsprechenden Beschluss ermächtigt haben. Auf der anderen Seite kann ein individuelles, auch ohne Beschlussfassung der Wohnungseigentümergemeinschaft bestehendes und nicht der gemeinschaftlichen Ausübung nach § 21 Abs. 1 WEG vorbehaltenes Recht auf Vornahme bestimmter nach den Grundsätzen ordnungsmäßiger Verwaltung gebotener und vertraglich geschuldeter Verwaltungshandlungen von jedem einzelnen Wohnungseigentümer ohne solche Ermächtigung gerichtlich geltend gemacht werden. In diesem Zusammenhang ist in der Rechtsprechung angenommen worden, dass jeder Wohnungseigentümer gegen den amtierenden Verwaltung den in § 28 Abs. 3 WEG geregelten Anspruch auf Erstellung und Vorlage der zur Vorbereitung des Eigentümerbeschlusses erforderlichen Jahresabrechnung als Individualanspruch gerichtlich verfolgen könne (vgl. BayObLG, NJW-RR 1990, 659; BayObLGZ 1993, 438).
Die in § 29 Abs. 3 WEG umschriebene Kontrolltätigkeit der von den Wohnungseigentümern als Mitglieder des Verwaltungsbeirats gewählten Miteigentümern zur Vorbereitung einer Beschlussfassung der Wohnungseigentümerversammlung kann diesen Verwalterpflichten nicht gleichgesetzt werden. Dem einzelnen Wohnungseigentümer und im übrigen auch der Gemeinschaft steht gegen Miteigentümer, die sich für diese ehrenamtliche Prüfungstätigkeit bereiterklärt hatten, kein gerichtlich titulierbarer und dann mit Zwangsmitteln durchsetzbarer Anspruch auf Erstellung eines Prüfungsberichtes zu. Den Verwaltungsbeirat treffen keine dem Verwalteramt vergleichbaren konkreten Pflichten bei der Verwaltung des gemeinschaftlichen Eigentums. Es ist lediglich ein ehrenamtliches Beratungs- und Kontrollorgan, das anstelle der Wohnungseigentümer im Rahmen der sonst auch jedem einzelnen von ihnen zustehenden Befugnisse tätig wird. Falls die Beiratsmitglieder durch Untätigkeit oder Fehler während der Zeit der Bekleidung des Amtes schuldhaft einen Schaden verursachen, können allerdings Ersatzansprüche erwachsen (vgl. Lüke in Weitnauer, WEG, 8. Aufl., § 29 Rdn. 5). Die Mitglieder des Verwaltungsbeirates können in entsprechender Anwendung von § 671 Abs. 1 BGB auch jederzeit durch Beschluss der Wohnungseigentümerversammlung von dem Amt abberufen werden, und umgekehrt sind sie jederzeit zum Rücktritt berechtigt. Daraus ergibt sich, dass sie nicht zur künftigen Erfüllung bestimmter Beratungs- und Kontrolltätigkeiten gerichtlich verpflichtet und gegebenenfalls sogar mit

Zwangsmitteln angehalten werden können. Bei Versagen des eingesetzten Verwaltungsbeirats oder einzelner Mitglieder ist vielmehr eine Neuwahl angezeigt, und ein einzelner Wohnungseigentümer kann gegebenenfalls nach § 21 Abs. 4 WEG einen Anspruch haben, daß die Gemeinschaft entsprechend verfährt. Das wird jedoch von dem gestellten Antrag, den gegenwärtig am tierenden Verwaltungsbeirat zu bestimmten Tätigkeiten zu verpflichten, nicht umfasst und ist damit nicht Gegenstand des vorliegenden Verfahrens.
Die Kostenentscheidung beruht auf § 47 WEG. Der Antragsteller hat die Gerichtskosten des Rechtsbeschwerdeverfahrens zu tragen, weil sein Rechtsmittel erfolglos ist. Es besteht jedoch keine Veranlassung, die Erstattung außergerichtlicher Kosten anzuordnen.
Den Wert des Rechtsbeschwerdeverfahrens hat der Senat – wie auch schon die Vorinstanzen – auf je 5.000,00 DM für die Anfechtungsanträge und auf 500,00 DM für den Verpflichtungsantrag festgesetzt.

OLG Düsseldorf, Beschluss vom 31.8.1990 - 3 Wx 257/90

Leitsatz
1. Bei der Bestellung des Verwaltungsbeirats einer Wohnungseigentümergemeinschaft bedarf vom Gesetz (WEG § 29 (juris: WoEigG)) abweichende Zusammensetzung des Beirats einer Vereinbarung der Wohnungseigentümer, ein Mehrheitsbeschluss reicht nicht aus.
Normenkette
WEG § 29 Abs. 1, § 10 Abs. 1 S. 2

Rechtszug
LG Düsseldorf (Entscheidung vom 28.05.1990; Aktenzeichen 25 T 224/90)
AG Düsseldorf (291 II 155/89 WEG)

Entscheidungsgründe
Am 26. September 1989 fand eine Versammlung der Eigentümer der o.a. Wohnungseigentumsanlage statt. Auf der Tagesordnung standen unter TOP 11 die Wahl eines Verwalters und unter TOP 12 die Wahl eines neuen Verwaltungsbeirats. Gewählt wurden zur Verwalterin die Beteiligte zu 3 und zum alleinigen Verwaltungsbeirat der Beteiligte zu 18.
Mit am 25. Oktober 1989 eingegangenem Schriftsatz ihres Verfahrensbevollmächtigten vom 24. Oktober 1989 haben die Beteiligten zu 1 und 2 beantragt, die unter TOP 11 und 12 gefassten Beschlüsse der Wohnungseigentümerversammlung vom 26. September 1989 für unwirksam zu erklären. Sie haben vorgetragen, die Wahl der Verwalterin sei nicht ordnungsgemäß durchgeführt worden, weil über die Mitbewerber der Beteiligten zu 3 überhaupt nicht abgestimmt worden sei. Die Wahl des Verwaltungsbeirats sei schon deshalb nicht ordnungsgemäß, weil nicht die gesetzlich vorgeschriebene Zahl von drei Mitgliedern gewählt worden sei.
Das Amtsgericht hat den die Wahl des Verwaltungsbeirats betreffenden Beschluss für

ungültig erklärt, den weiteren Antrag hat es zurückgewiesen.
Gegen die Entscheidung des Amtsgerichts haben die Beteiligten zu 1 und 2 hinsichtlich des zurückgewiesenen Teils ihres Antrags und die Beteiligte zu 3 bezüglich des für unwirksam erklärten Beschlusses zu TOP 12 sofortige Beschwerde eingelegt.
Das Landgericht hat beide Rechtsmittel zurückgewiesen.
Gegen die Entscheidung des Landgerichts haben die Beteiligten zu 1 und 2 einerseits und die Beteiligte zu 3 andererseits sofortige weitere Beschwerde eingelegt.
Wegen der Einzelheiten wird auf den Akteninhalt verwiesen.
1.
Die Rechtsmittel sind zulässig, insbesondere form- und fristgerecht eingelegt (§§ 45 Abs. 1 WEG, 22 Abs. 1, 27, 29 FGG), sachlich aber nicht begründet, denn die Entscheidung des Landgerichts beruht nicht auf einer Gesetzesverletzung (§§ 27 FGG, 550 ZPO).
Das Landgericht hat ausgeführt, die Wahl des Verwaltungsbeirats sei zu Recht für ungültig erklärt worden. Gemäß § 29 Abs. 1 Satz 2 WEG bestehe der Verwaltungsbeirat aus einem Wohnungseigentümer als Vorsitzenden und zwei weiteren Wohnungseigentümern als Beisitzern. Die Vorschrift des § 29 Abs. 1 Satz 2 WEG sei abdingbar, jedoch könne dies nur durch eine Vereinbarung i. S. des § 10 Abs. 1 Satz 2 WEG erfolgen. Der Verwaltungsbeirat sei nämlich keine Maßnahme der Verwaltung, sondern die Berufung eines Organs der Gemeinschaft.
Dagegen sei die Wahl des Verwalters nicht zu beanstanden. Die Wohnungseigentümer hätten entsprechend der Vorschrift des § 26 Abs. 1 Satz 1 WEG hier mit Stimmenmehrheit über die Bestellung des Verwalters beschlossen. Das Wahlverfahren sei nicht zu beanstanden.
2.
Diese Erwägungen halten der dem Senat obliegenden rechtlichen Nachprüfung stand.
a) Die Bestellung der Beteiligten zu 3 zur Verwalterin hat das Landgericht zu Recht nicht beanstandet. In der Eigentümerversammlung hat sich die Mehrheit der Wohnungseigentümer für die Beteiligte zu 3 als Verwalterin entschieden. Damit ist die Bestellung gemäß der Vorschrift des § 26 Abs. 1 Satz 1 WEG erfolgt. Alle Bewerber für das Amt des Verwalters hatten sich vor der Abstimmung den Wohnungseigentümern „vorgestellt", so dass schon in der Abstimmung über den ersten der Bewerber eine Entscheidung der Wohnungseigentümer über alle drei Kandidaten lag. Wenn sich schon bei der ersten Abstimmung eine Stimmenmehrheit für die Beteiligte zu 3 ergab, war damit der Verwalter „bestellt". Einer Abstimmung über die übrigen Kandidaten bedurfte es deshalb nicht mehr. Die weitere Beschwerde der Beteiligten zu 1 und 2 war deshalb als unbegründet zurückzuweisen.
b) Die Entscheidung des Landgerichts ist auch frei von Rechtsfehlern, soweit das Landgericht in Übereinstimmung mit dem Amtsgericht den Eigentümerbeschluss betreffend die Wahl des Verwaltungsbeirats für ungültig erklärt hat.
Gemäß § 29 Abs. 1 WEG können die Wohnungseigentümer durch Stimmenmehrheit die Bestellung eines Verwaltungsbeirats beschließen (Satz 1). Der Verwaltungsbeirat besteht aus einem Wohnungseigentümer als Vorsitzenden und zwei weiteren Wohnungseigentümern als Beisitzern (Satz 2). Der in dieser Vorschrift geforderten Zusammensetzung des Verwaltungsbeirats ist der Beschluss der Wohnungseigentümer nicht gerecht geworden, denn sie haben nur einen Wohnungseigentümer zum Mitglied des

Verwaltungsbeirats gewählt. Die Bestimmung des § 29 Abs. 1 Satz 2 WEG ist aber nach allgemeiner Ansicht abdingbar, allerdings ist streitig, ob eine vom Gesetz abweichende Zusammensetzung des Verwaltungsbeirats einer Vereinbarung der Wohnungseigentümer bedarf (so KG, ZMR 1989, 186; Bielefeld DWE 1988, 14, 15; Sauren, ZMR 1984, 325; Weimar, ZMR 1981, 97; Bärmann/Pick/Merle, WEG, § 29 Rn. 8; RGRK-Augustun, WEG, § 29 Rn. 2, Palandt/Bassenge, WEG, § 29 Anm. 1) oder – falls die Teilungserklärung keine besondere Regelung vorsieht – ein Mehrheitsbeschluss der Wohnungseigentümer genügt (BayObLGZ 1972, 161; MünchKomm./Röll, WEG, § 29 Rn. 4).
Nach Auffassung des Senats reicht der Mehrheitsbeschluss der Wohnungseigentümer nicht aus. Die Abweichung von einer auch nur abdingbaren gesetzlichen Regelung erfordert grundsätzlich eine Vereinbarung gemäß § 10 Abs. 1 Satz 2 WEG. Davon geht auch die Beteiligte zu 3 in ihrer weiteren Beschwerde aus. Ihre Auffassung, dass ein Mehrheitsbeschluss hier aber genügt, weil er sich im Rahmen ordnungsgemäßer Verwaltung hält, teilt der Senat indes nicht. Zwar liegt die Wahl eines Verwaltungsbeirats durch die Wohnungseigentümer im Rahmen ordnungsgemäßer Verwaltung, denn das Gesetz sieht eine solche Wahl in § 29 Abs. 1 Satz 1 WEG ausdrücklich vor. Dies besagt aber nicht, dass der einzelne Wohnungseigentümer einen Anspruch gegen die übrigen Wohnungseigentümer auf die Bestellung eines Beirates hat. § 29 Abs. 1 Satz 1 WEG schreibt die Wahl eines Beirates nicht zwingend vor. Es ist dem Willen der Mehrheit der Wohnungseigentümer überlassen, ob ein Verwaltungsbeirat gewählt werden soll. Entscheidet sich die Mehrheit der Wohnungseigentümer gegen die Bestellung eines Verwaltungsbeirats, so begründet dies keinen Anspruch der überstimmten Minderheit der Wohnungseigentümer gegen die Mehrheit auf Bestellung eines Verwaltungsbeirats. Haben sich allerdings die Wohnungseigentümer mehrheitlich für die Einrichtung eines Verwaltungsbeirats entschieden, so schreibt das Gesetz in § 29 Abs. 1 Satz 2 eindeutig vor, dass der Verwaltungsbeirat eine bestimmte Zusammensetzung haben muss. Die Ausgestaltung des Verwaltungsbeirats hat der Gesetzgeber somit bewusst nicht der Mehrheitsentscheidung der Wohnungseigentümer überlassen, so dass eine andere Zusammensetzung des Verwaltungsbeirats nur aufgrund einer Vereinbarung, d. h. der Zustimmung aller Wohnungseigentümer möglich ist. Darin liegt auch kein bloßer Formalismus. Die Mehrheit der Wohnungseigentümer, die die Einrichtung eines Verwaltungsbeirates wünscht, hat es in der Hand, durch Benennung von zumindest drei Kandidaten, die zur Tätigkeit im Verwaltungsbeirat bereit sind, die Voraussetzungen für die personelle Zusammensetzung des Beirats zu schaffen. Es liegt bei ihnen, in einem Fall, in dem wie hier sich nur ein Wohnungseigentümer bereiterklärt, die Aufgaben eines Verwaltungsbeirats zu übernehmen, entweder die Zustimmung aller Wohnungseigentümer zur Wahl nur eines Verwaltungsbeirats herbeizuführen oder aber, falls dies nicht erreicht wird, aus ihrer Mehrheit zwei weitere Wohnungseigentümer von der Notwendigkeit einer Kandidatur zu überzeugen. Sofern ihnen dies nicht gelingt, geht es nicht an, entgegen der eindeutigen gesetzlichen Regelung der überstimmten Minderheit der Wohnungseigentümer, die entweder einen Verwaltungsbeirat überhaupt nicht oder jedenfalls nicht in der Besetzung mit nur einem Wohnungseigentümer will, einen den gesetzlichen Erfordernissen nicht entsprechenden Verwaltungsbeirat aufzuzwingen.
Soweit die Beteiligte zu 3 darauf hinweist, dass auch nach der Wahl eines aus drei

Wohnungseigentümern bestehenden Beirats ein einzelnes Beiratsmitglied aus verschiedenartigen Gründen aus seinem Amt ausscheiden kann, ändert daran nichts.
In diesem Fall war der Beirat zunächst in der gesetzlichen Zusammensetzung gewählt worden, ein späteres Ausscheiden führt deshalb nicht ohne weiteres zur Funktionsunfähigkeit, vielmehr ergibt sich daraus nur die Verpflichtung der Wohnungseigentümer für das ausgeschiedene Beiratsmitglied einen anderen Wohnungseigentümer (oder auch einen Dritten) in den Verwaltungsbeirat zu berufen. Nach allem war auch die sofortige weitere Beschwerde der Beteiligten zu 3 zurückzuweisen.
Die Kostenentscheidung folgt aus § 47 WEG.

IX. Checklisten / Formulare

Verwaltervertrag für Wohnungseigentumsanlagen

....

Zwischen der Wohnungseigentümergemeinschaft

____

____

– nachstehend Wohnungseigentümergemeinschaft genannt –

und ____

____

– nachstehend Verwalter genannt –

wird folgender Verwaltervertrag geschlossen:

Wichtige Vorbemerkung:
Die Verwaltung des gemeinschaftlichen Eigentums einer Wohnungseigentumsanlage steht allen Wohnungs- und Teileigentümern gemeinsam zu. Eine ordnungsmässige Verwaltung ist jedoch praktisch nicht denkbar ohne ein ausführendes Organ – **den Verwalter.** Nach § 20 WEG kann deshalb die Bestellung des Verwalters **nicht ausgeschlossen werden.**

Die Verwaltung nach dem WEG bezieht sich nicht auf das gesamte Wohnungs- und Teileigentum, sondern nur auf das gemeinschaftliche Eigentum. Die Verwaltung des Sondereigentums, also der Wohnräume bzw. der nicht zu Wohnzwecken genutzten Räume, obliegt dem jeweiligen Eigentümer selbst. Will ein Eigentümer auch sein Sondereigentum verwalten lassen, muss er hierüber einen gesonderten Vertrag abschließen.

Der Verwalter ist stets **Sachwalter für fremdes Vermögen.** Die Verwaltung beruht auf einem gegenseitigen Vertrauensverhältnis zwischen Wohnungseigentümergemeinschaft und Verwalter. Dieses setzt neben der persönlichen Zuverlässigkeit, Unparteilichkeit und geordneten Vermögensverhältnissen auch spezielle an den Grundsätzen ordnungsmässiger, wohnungswirtschaftlicher Verwaltung orientierte Erfahrungen, die für eine kaufmännische und technische Geschäftsführung und Finanzverwaltung erforderlich sind, sowie gediegene Kenntnisse der geltenden einschlägigen Rechtsvorschriften voraus.

Die Verwaltervergütung ist ein Entgelt für die **qualifizierte Dienstleistung.** Deshalb wird ihre Höhe bestimmt durch den **Umfang** und die **Güte** der von dem Verwalter und seinen Mitarbeitern zu erbringenden Leistung. Ein Vergleich von Verwaltervergütungen bei verschiedenen Verwalterangeboten ist also nur auf der Grundlage eines Vergleichs der Leistungen und der Leistungsfähigkeit der Verwaltungsunternehmen möglich.
In diesem Vertrag wird unterschieden zwischen den **Grundleistungen** des Verwalters, auf die sich die Grundvergütung bezieht, und den **Besonderen Leistungen**, die der Verwalter aufgrund des Vertrages oder aufgrund von Beschlüssen der Wohnungseigentümer erbringt. Die **Besonderen Leistungen** sind zusätzlich zu vergüten. Die detaillierte Beschreibung der Leistungen zeigt das breite Spektrum der täglichen Arbeit des Verwalters auf.

I. Bestellung und Abberufung des Verwalters

1. Die Verwalterbestellung erfolgte
   * gemäß Teilungserklärung (§ 8 WEG)/Teilungsvertrag (§ 3 WEG) vom ....
   * durch Beschluss der Wohnungseigentümerversammlung vom ...... zu Tagesordnungspunkt ....
   für die Zeit vom .... bis ....

   * Nichtzutreffendes streichen.

2. Eine vorzeitige Abberufung des Verwalters durch die Wohnungseigentümergemeinschaft ist nur aus wichtigem Grund möglich.

3. Der Verwalter kann das Verwalteramt nur aus wichtigem Grund niederlegen.

II. Abschluss und Beendigung des Verwaltervertrages

1. Der Verwaltervertrag wird fest auf die Dauer der Bestellung des Verwalters gem. Ziffer I .1. abgeschlossen. Er verlängert sich jeweils um die Dauer der Wiederbestellung.

2. Der Verwaltervertrag kann für die Zeit der Bestellung des Verwalters von der Wohnungseigentümergemeinschaft und von dem Verwalter nur aus wichtigem Grund gekündigt werden.

III. Aufgaben und Befugnisse des Verwalters

Die Aufgaben und Befugnisse des Verwalters ergeben sich aus der Teilungserklärung / dem Teilungsvertrag jeweils in Verbindung mit der Gemeinschaftsordnung und dem Wohnungseigentumsgesetz (WEG), soweit dieser Vertrag nicht nachfolgend wirksam etwas anderes bestimmt. Ergänzend gelten die gesetzlichen Bestimmungen über den entgeltlichen Geschäftsbesorgungsvertrag.

Der Verwalter ist zu den nachfolgend aufgeführten Grundleistungen und Besonderen Leistungen berechtigt und verpflichtet. Dabei hat er Weisungen zu befolgen, die ihm die Wohnungseigentümergemeinschaft durch Beschluss erteilt; liegen Weisungen nicht vor, so ist er verpflichtet, die Grundsätze ordnungsmäßiger Verwaltung zu beachten. Soweit im Einzelfall die Verpflichtung des Verwalters einen Beschluss der Wohnungseigentümer voraussetzt, ist dies nachfolgend im jeweiligen Einzelfall durch B (= Beschluss) gekennzeichnet. Werden dem Verwalter weitere, in diesem Vertrag nicht genannte Aufgaben übertragen, so bedarf dies eines Beschlusses der Wohnungseigentümer und der Zustimmung durch den Verwalter. Ist die Vergütung nicht abweichend im Beschluss geregelt, so wird die diesbezügliche Tätigkeit des Verwalters nach Aufwand gem. Ziff. VII 2. vergütet.

Für die Grundleistungen erhält der Verwalter die in Ziff. VII 1. genannte Vergütung. Die Vergütung für die Besonderen Leistungen werden nach Aufwand gem. Ziff. VII 2. vergütet, wenn nicht in Ziff. III eine Pauschalvergütung vereinbart wird, neben der die Auslagen und die Mehrwertsteuer gem. Ziff. VII 2. c) und d) zu zahlen sind.

1. Allgemeine kaufmännische Geschäftsführung

1.1 Vorbereitung, Einberufung und Durchführung von Wohnungseigentümerversammlungen (WEV)

Grundleistungen

a) Teilnahme an einer Verwaltungsbeiratssitzung zur Vorbereitung der ordentlichen WEV mit Erörterung von Tagungsort, Tagungszeitpunkt und Tagesordnung;

b) Vorbereitung der ordentlichen WEV durch Anmieten eines Tagungsraumes auf Kosten der Wohnungseigentümergemeinschaft, Erstellen einer Anwesenheitsliste, ggf. Erarbeiten von Beschlussvorlagen;

c) Einberufung der ordentlichen WEV, zu der alle Wohnungseigentümer in Textform mit einfacher Briefpost unter Angabe der Tagesordnung zu laden sind, wobei die Unterschrift mit Hilfe automatischer Einrichtungen (Fotokopie, EDV-Ausdruck) genügt, soweit Teilungsvertrag/ Teilungserklärung nicht eine andere Form vorschreiben; die Einladung ist an die letzte, dem Verwalter bekannte Adresse des jeweiligen Wohnungseigentümers zu versenden;

d) Leitung und organisatorische Abwicklung der ordentlichen WEV (z. B. Feststellung der Beschlussfähigkeit und der Abstimmungsergebnisse sowie deren Bekanntgabe);

e) Stellungnahme zu allen Tagesordnungspunkten in der ordentlichen WEV;

f) Erstellung einer Niederschrift über die Versammlung in Form eines Ergebnisprotokolls innerhalb von längstens 3 Wochen nach dem Tag der Wohnungseigentümerversammlung sowie Vorlage beim Vorsitzenden des Verwaltungsbeirats – soweit vorhanden – und bei einem Wohnungseigentümer zur Unterschrift;

Besondere Leistungen

g) Gewährung der Einsichtnahme in Niederschriften;

h) Vorbereitung, Einberufung und Durchführung weiterer Wohnungseigentümerversammlungen mit den Grundleistungen a) bis f), soweit diese nicht aufgrund einer vom Verwalter zu vertretenden Pflichtverletzung erforderlich sind, was der Verwalter zu beweisen hat;
Nach Aufwand Ja / Nein
Alternativ: Pauschalvergütung ______EUR

i) Versendung von Ablichtungen der Niederschrift über die WEV an jeden Wohnungseigentümer.
Nach Aufwand Ja / Nein
Alternativ: Pauschalvergütung ______EUR

1.2 Durchführung von Beschlüssen der Wohnungseigentümer

Grundleistungen	Besondere Leistungen
a) Durchführung von Beschlüssen, die Tätigkeiten des Verwalters im Rahmen der sonstigen Grundleistungen erfordern;	b) Durchführung von Beschlüssen, die Tätigkeiten des Verwalters außerhalb des Rahmens der sonstigen Grundleistungen erfordern (Sonderaufgaben). Nach Aufwand Ja / Nein Alternativ: Pauschalvergütung _______EUR

1.3 Allgemeine Betreuung der Wohnungseigentümer in gemeinschaftlichen Angelegenheiten

Grundleistungen	Besondere Leistungen
a) Mitwirkung, etwa durch Erarbeitung eines Textentwurfs oder durch Beratung bei der Aufstellung und Änderung von Haus- und Nutzungsordnungen für im gemeinschaftlichen Eigentum stehende Einrichtungen und Anlagen, z. B. Waschküche, Fahrstuhl (B)*;	g) Teilnahme an Verwaltungsbeiratssitzungen außerhalb der üblichen Bürozeiten; nach Aufwand Ja / Nein alternativ: Pauschalvergütung ______EUR
b) Überwachung der Einhaltung der jeweils gültigen Haus- und Nutzungsordnungen durch von der Wohnungseigentümergemeinschaft beauftragte Dritte (z. B. den Hausmeister oder Bewachungspersonal) und Abmahnung bei Verstößen;	h) Teilnahme an weiteren Verwaltungsbeiratssitzungen (neben den Grundleistungen gem. 1.1 a) und 1.3 c); nach Aufwand Ja / Nein alternativ: Pauschalvergütung ______EUR
c) Teilnahme an einer weiteren Verwaltungsbeiratssitzung (neben der in 1.1 a) genannten) während der üblichen Bürozeiten;	i) Erstellen und Versenden von Ablichtungen / E-Mails im Rahmen von Auskunfts- und Informationspflichten des Verwalters; nach Aufwand Ja / Nein alternativ: Pauschalvergütung ______EUR
d) Information des Verwaltungsbeirates über wichtige Vorgänge (Kopien über Schriftverkehr);	j) Bearbeitung von allen Eigentumsübergängen, sofern eine Zustimmung des Verwalters zur Veräußerung notwendig ist (Datenpflege ist Grundleistung); nach Aufwand Ja / Nein alternativ: Pauschalvergütung ______EUR
e) mündliche – idR in der Wohnungseigentümerversammlung – und schriftliche Auskunftserteilung gegenüber der Wohnungseigentümergemeinschaft einschließlich der Gewährung der Einsichtnahme in Verwaltungsunterlagen sowie gegenüber einzelnen Wohnungseigentümern, die hieran ein berechtigtes Interesse haben	k) Vervielfältigen und Versenden von wesentlichem Schriftverkehr über Zwangsverwaltungs- und Zwangsversteigerungsverfahren an die Wohnungseigentümer sowie Teilnahme an Versteigerungs- und Verteilungsterminen. nach Aufwand Ja / Nein alternativ: Pauschalvergütung ______EUR
f) Führen des erforderlichen Telefon-, Schrift- und elektronischen Geschäftsverkehrs mit den Wohnungseigentümern und Dritten;	

B)* = Beschluss der Wohnungseigentümergemeinschaft erforderlich

1.4 Vorbereitung des Abschlusses von Verträgen und Überwachung ihrer ordnungsmäßigen Durchführung

Grundleistungen	Besondere Leistungen
a) Beratung über Notwendigkeit und Zweckmäßigkeit des Abschlusses von Verträgen; b) Einholung von Angeboten, bei Personal ggf. Insertion, auf Kosten der Wohnungseigentümergemeinschaft; c) Führen von Vertragsverhandlungen;	f) Beiziehung von Sonderfachleuten für die Vorbereitung und Überwachung der ordnungsmäßigen Durchführung von Verträgen, soweit hierzu Kenntnisse erforderlich sind, die über die eines erfahrenen Verwalters von Wohnungseigentum hinausgehen (B)*; nach Aufwand Ja / Nein alternativ: Pauschalvergütung ______EUR
d) stichprobenweise Überwachung der ordnungsmäßigen Durchführung der Verträge, ggf. durch Beauftragte der Wohnungseigentümergemeinschaft wie z. B. den Hausmeister e) Bearbeitung von Versicherungsschäden - soweit diese das gemeinschaftliche Eigentum betreffen – insbesondere deren rechtzeitige Meldung;	g) Mitwirkung bei Versicherungsschäden im Sondereigentum, soweit in einer Versicherung für das gemeinschaftliche Eigentum mitversichert; Schadensermittlung und -beseitigung sowie Abwicklung eines solchen Versicherungsfalles. nach Aufwand Ja / Nein alternativ: Pauschalvergütung ______EUR

Zu e) und g): Der Verwalter ist berechtigt, mit dem Versicherer eine Vergütung für die Bearbeitung – soweit über die Mitwirkungspflichten nach dem Versicherungsvertrag hinausgehend – zu vereinbaren und als Zusatzvergütung zu vereinnahmen und zu behalten; eine Vergütung nach lit. g) ist dann nicht zu zahlen.

1.5 Aufbewahrung von Verwaltungsunterlagen

Grundleistungen	Besondere Leistungen
a) geordnete Aufbewahrung sämtlicher Verwaltungsunterlagen, die zur ordnungsmäßigen Verwaltung des gemeinschaftlichen Eigentums während des Bestehens der Wohnungseigentümergemeinschaft erforderlich sind, z. B. Haus- und Grundstücksunterlagen, Teilungserklärung mit Gemeinschaftsordnung, Haus- und Nutzungsordnungen, Eigentümerlisten, Niederschriften über Eigentümerversammlungen, Ausfertigungen gerichtlicher Entscheidungen und behördlicher Verwaltungsakte, Aufteilungspläne, Bestandspläne, Schließpläne, Sicherungsscheine, Generalschlüssel, Betriebsanleitungen;	d) Erstellung oder Wiederherstellung fehlender Verwaltungsunterlagen, die zur Durchführung einer ordnungsmäßigen Verwaltung erforderlich und bei Übernahme der Verwaltung nicht vorhanden sind (B)*; nach Aufwand Ja / Nein alternativ: Pauschalvergütung ______EUR e) Aufbewahrung der Verwaltungsunterlagen über die gesetzlichen Aufbewahrungsfristen hinaus (B)*. nach Aufwand Ja / Nein alternativ: Pauschalvergütung ______EUR

B)* = Beschluss der Wohnungseigentümergemeinschaft erforderlich

b) geordnete Aufbewahrung sonstiger Verwaltungsunterlagen, insbesondere der Verträge mit Dritten, Abrechnungen, Buchhaltungsunterlagen mit Konten, Buchungsbelege und Bankauszüge, solange sie unmittelbare Auswirkungen haben, und bis zur vollständigen Abwicklung der jeweiligen Verträge;

c) im Übrigen Aufbewahrung der Verwaltungsunterlagen in entsprechender Anwendung der steuerlichen Vorschriften, insbesondere gem. § 41 Abs. 1 S. 6 EStG und § 147 AO; nach Ablauf der gesetzlichen Aufbewahrungsfristen kann der Verwalter Verwaltungsunterlagen nur aufgrund eines Beschlusses der Wohnungseigentümer vernichten;

2. Juristische Verwaltung

2.1 Abschluss, Änderung und Beendigung, insbesondere Kündigung aller zur laufenden Verwaltung des gemeinschaftlichen Eigentums erforderlichen und zweckmäßigen Verträg im Namen der Wohnungseigentümergemeinschaft.

Die Einzelmaßnahmen dürfen nur im Rahmen der Grundsätze ordnungsmäßiger Verwaltung und unter der Voraussetzung erfolgen, dass die zur Erfüllung notwendigen Mittel in dem von den Wohnungseigentümern beschlossenen Wirtschaftsplan / Nachtragswirtschaftsplan (Sonderumlage) kalkuliert sind; fehlt diese Deckung ganz oder teilweise, bedarf es eines Beschlusses der Wohnungseigentümer.

Grundleistungen

a) Anstellungsvertrag mit Hausmeistern und sonstigem Dienstpersonal einschließlich der Erstellung objektbezogener Dienstanweisungen, ggf. Vertrag mit einem Hausmeisterserviceunternehmen;

b) Versicherungsverträge, z. B. Brandversicherung, Leitungswasser- und Sturmversicherung, Haus- und Grundbesitzerhaftpflichtversicherung, Gewässerschadenhaftpflichtversicherung bei Vorhandensein eines Öltanks (B)*;

c) Wartungsverträge, z. B. für Heizungsanlage, Lüftungsanlage, Fahrstuhl, Gemeinschaftsantenne, Kabel, Parabolspiegel, Hebeanlage;

d) Verträge über die Anschaffung von Gebrauchsgegenständen, die der ordnungsmäßigen Bewirtschaftung des gemeinschaftlichen Eigentums dienen, z. B. Gartengeräte, Hausmeisterwerkzeuge;

Besondere Leistungen

l) Mietverträge über Teile des gemeinschaftlichen Eigentums, z. B. Kfz-Stellplätze oder Hausmeisterwohnung, ggf. auch über eine im Sondereigentum eines Wohnungseigentümers stehende Wohnung und deren Weitervermietung an den Hausmeister (B)*;
nach Aufwand Ja / Nein
alternativ: Pauschalvergütung ______EUR

m) Verträge gem. a) bis j), soweit der Verwalter diese wegen seiner fachlichen Qualifikation, die über die Kenntnisse eines erfahrenen Verwalters von Wohnungseigentum hinausgehen, bearbeitet und deshalb die Beauftragung eines Sonderfachmanns eingespart wird;
nach Aufwand Ja / Nein
alternativ: Pauschalvergütung ______EUR

e) Lieferungs- und Entsorgungsverträge, z.B. über Strom, Wasser, Gas, Müll oder Heizöl;

f) Werkverträge zur ordnungsmäßigen Erfüllung der Verpflichtung zur Instandhaltung und Instandsetzung, insbesondere mit Bauhandwerkern, Ingenieuren und Architekten (B*, soweit die Bruttovertragssumme der Gesamtmaßnahme 7% der Wirtschaftsplangesamtsumme übersteigt)

g) Verträge mit Geldinstituten über die Aufnah-me von Darlehen bis zur Höhe von einem Sechstel der Wirtschaftsplansumme;

h) Verträge mit Geldinstituten über die Führung von Bankkonten, Verwaltung von Depots und Anlage von Geldern;

j) sonstige zur ordnungsmäßigen Verwaltung erforderlichen oder zweckmäßigen Verträge (B)*

j) Verträge über die zur verbrauchsabhängigen Kostenverteilung erforderlichen Einrichtungen und Abrechnungen, z. B. mit einem Wärmedienstunternehmen über Anschaffung, Austausch, Eichung, Miete von Messeinrichtungen, deren Ablesung und die Erstellung einer Heizkostenabrechnung oder entsprechende Verträge zur verbrauchsabhängigen Verteilung von Wasserkosten, Müllgebühren (B)* über die Entscheidung Kauf oder Miete/Leasing);

k) Beendigung, insbesondere Kündigung der in lit. a) bis j) genannten Verträge;

n) Vereinbarungen mit dem Veräußerer von Wohnungseigentum (Bauträger), insbesondere im Zusammenhang mit Mängeln am gemeinschaftlichen Eigentum (B)*;
nach Aufwand Ja / Nein
alternativ: Pauschalvergütung ______EUR

o) weitere, in lit. b) nicht genannte Versicherungsverträge, z. B. Glasbruchversicherung, Bauherrenhaftpflichtversicherung, Verwaltungsbeiratshaftpflichtversicherung (B)*;
nach Aufwand Ja / Nein
alternativ: Pauschalvergütung ______EUR

p) Beendigung, insbesondere Kündigung der in lit. l) bis o) genannten Verträge.
nach Aufwand Ja / Nein
alternativ: Pauschalvergütung ______EUR

(B)* = Beschluss der Wohnungseigentümergemeinschaft erforderlich

2.2 Teilnahme am rechtsgeschäftlichen Verkehr als Vertreter der Wohnungseigentümer

Grundleistungen

a) Abgabe von Willenserklärungen und Vornahme von Rechtshandlungen, die mit der laufenden Verwaltung des gemeinschaftlichen Eigentums zusammenhängen, insbesondere die Abgabe von Erklärungen, die zur Herstellung einer Fernsprechteilnehmereinrichtung, einer Fernseh- und Rundfunkempfangsanlage oder eines Energieversorgungsanschlusses zugunsten eines Wohnungseigentümers oder der Wohnungseigentümergemeinschaft erforderlich sind;
- die Abgabe sachdienlicher Erklärungen gegenüber dem jeweiligen Versicherer bei Eintritt eines Versicherungsfalles;

Besondere Leistungen

d) Erteilung von Informationen an die Wohnungseigentümer über wesentliche Vorgänge, insbesondere über den Inhalt von zugestellten, gegen die Wohnungseigentümer gerichteten Klagen oder Anträgen in Wohnungseigentumssachen oder in Schiedsgerichtsverfahren;
nach Aufwand Ja / Nein
alternativ: Pauschalvergütung ______EUR

c) Durchführung von Maßnahmen, die zur Wahrung einer Frist oder zur Abwendung eines sonstigen Rechtsnachteils erforderlich sind;;

e) Beauftragung und Information eines Rechtsanwaltes zur Durchführung der Maßnahmen gem. lit. c).
nach Aufwand Ja / Nein
alternativ: Pauschalvergütung ______EUR

2.3 Gerichtliche Vertretung der Wohnungseigentümer

Grundleistungen

a) Beratung der Eigentümer über Notwendigkeit oder Zweckmäßigkeit der Einleitung gerichtlicher Verfahren;

b) Beauftragung eines Rechtsanwalts mit der Vertretung der Wohnungseigentümer, soweit alle Wohnungseigentümer oder ein von der Wohnungseigentümergemeinschaft ermächtigter Prozess- oder Verfahrensstandschafter in Aktivprozessen bzw. -verfahren Kläger oder Beklagte bzw. Antragsteller oder Antragsgegner sind, ausnahmsweise bei Beschlussanfechtungen mit der Vertretung der Wohnungseigentümer, die Antragsgegner sind;

Besondere Leistungen

c) Information des beauftragten Rechtsanwalts, insbesondere bei Anträgen auf Zahlung rückständiger Beiträge an die Wohnungseigentümergemeinschaft;
nach Aufwand Ja / Nein
alternativ: Pauschalvergütung ______EUR

d) Leistungen gem. lit. c) in anderen gerichtlichen Verfahren, z. B. in selbständigen Beweisverfahren wegen Mängeln am Gemeinschaftseigentum, im Klageverfahren wegen Nacherfüllung und anderer Mangelansprüche oder in Schiedsgerichtsverfahren;
nach Aufwand Ja / Nein
alternativ: Pauschalvergütung ______EUR

e) Vertretung der Wohnungseigentümergemeinschaft in mündlichen Verhandlungen, soweit kein Rechtsanwalt beauftragt ist;
nach Aufwand Ja / Nein
nach BRAGO
(in entsprechender Anwendung) Ja / Nein
alternativ: Pauschalvergütung ______EUR

f) Teilnahme an Verfahren in Wohnungseigentumssachen, an denen der Verwalter kraft Gesetzes beteiligt ist;
nach Aufwand Ja / Nein
alternativ: Pauschalvergütung ______EUR

g) Vertretung in öffentlich-rechtlichen Verfahren, z. B. zur Grundstücksgestaltung oder in Zusammenhang mit Baugenehmigungsverfahren von Grundstücksnachbarn.
nach Aufwand Ja / Nein
alternativ: Pauschalvergütung ______EUR

3. Finanz- und Vermögensverwaltung

3.1 Einrichtung und Führung einer objektbezogenen Buchhaltung

Grundleistungen

a) Datenerfassung und Datenpflege;

b) Führung der erforderlichen personen- und sachbezogenen Konten und Überwachung der Zahlungsverpflichtungen der Wohnungseigentümer sowie der Einhaltung des Wirtschaftsplans, wobei die Grundsätze ordnungsmäßiger Buchführung insoweit anzuwenden sind, als dies zur Erfüllung der Abrechnungs- und Rechnungspflicht erforderlich ist;

c) geordnete Aufbewahrung der Belege;

Besondere Leistungen

d) Einrichtung und Führung einer vorschriftsmäßigen Lohnbuchhaltung für Arbeitnehmer der Wohnungseigentümergemeinschaft;
nach Aufwand Ja / Nein
alternativ: Pauschalvergütung ______EUR

e) Erstellung einer ordnungsmäßigen Buchhaltung für Zeiträume, in denen ein Dritter das Amt des Verwalters inne hatte.
nach Aufwand Ja / Nein
alternativ: Pauschalvergütung ______EUR

3.2 Rechnungswesen

Grundleistungen

a) kaufmännische Rechnungsprüfung;

b) Bewirken der Zahlungen, soweit möglich durch Überweisung und unter Nutzung etwa gewährter Skonti;

c) Abrechnung einer etwa vorhandenen Hausmeisterkasse sowie der Erlöse aus Waschmünzverkäufen;

d) Entgegennahme und Abrechnung der Benutzungsgebühren für Gemeinschaftseinrichtungen;

e) Einziehung und Abrechnung der Mieten aus der Vermietung von Teilen des gemeinschaftlichen Eigentums;

Besondere Leistungen

f) Erstellen von Betriebskostenabrechnungen für vermietetes, gemeinschaftliches Eigentum;
nach Aufwand Ja / Nein
alternativ: Pauschalvergütung ______EUR

g) Tätigkeiten gem. lit. a) bis e) in bezug auf Rechnungen und Zahlungen, die das gemeinschaftliche Eigentum und die einen Zeitraum betreffen, in denen ein Dritter das Verwalteramt inne hatte;
nach Aufwand Ja / Nein
alternativ: Pauschalvergütung ______EUR

h) Tätigkeiten gem. lit. a) bis e) in bezug auf Rechnungen und Zahlungen, z. B. für Gebäude oder Gebäudeteile (etwa Tiefgarage) die nur von einer Gruppe von Wohnungseigentümern genutzt werden und die insoweit allein zur Kostentragung verpflichtet sind;
nach Aufwand Ja / Nein
alternativ: Pauschalvergütung ______EUR

i) Empfang und Weiterleitung von Zins- und Tilgungsleistungen sowie von Erbbauzinsen für das Wohnungseigentum (Wohnungserbbaurecht) sowie bei Kreditaufnahme der Wohnungseigentü mergemeinschaft.
nach Aufwand Ja / Nein
alternativ: Pauschalvergütung ______EUR

3.3 Wirtschaftsplan und Einziehung von Beiträgen

Grundleistungen

a) Aufstellung eines Wirtschaftsplans, bestehend aus Gesamtwirtschaftsplan und Einzelwirtschaftsplan je Wohnungs- und Teileigentum für jedes Wirtschaftsjahr vor dessen Beginn, für den Fall der Fortgeltung des bis zum Ende des vorangegangenen Wirtschaftsjahres geltenden Wirtschaftsplanes bis spätestens 6 Monate nach Beginn des betreffenden Wirtschaftsjahres;

b) Berechnung, Abruf und Einziehung der Beiträge auf der Grundlage des von den Wohnungseigentümern beschlossenen Wirtschaftsplanes. Die Wohnungseigentümer verpflichten sich insoweit, am Lastschriftverfahren teilzunehmen;

c) buchungsmäßige Verarbeitung von Veränderungen der Beitragszahlungspflicht auf Grund beschlossener Wirtschaftspläne;

Besondere Leistungen

d) Anmahnen rückständiger Beiträge (Vorauszahlungen, Sonderumlagen, Abrechnungsfehlbeträge) nach Verzugseintritt sowie der hierdurch anfallenden Mahngebühr;
Gebühr je Mahnung 15,00 EUR/_____EUR

e) Berechnung, Anforderung und Einziehung von Beiträgen außerhalb des Wirtschaftsplanes (Sonderumlagen);
nach Aufwand Ja / Nein
umsatzbezogen ____ % der Sonderumlage

f) zusätzliche Tätigkeiten aufgrund Nichtteilnahme am Lastschriftverfahren der Wohnungseigentümer;
Pauschalvergütung je Buchung 3,00 EUR/__ EUR

3.4 Jahresabrechnung und Rechnungslegung

Grundleistungen

a) Erstellung der Jahresabrechnung, bestehend aus einer Gesamtabrechnung über die tatsächlichen Einnahmen und Ausgaben und einer Aufteilung des Abrechnungsergebnisses auf jedes Wohnungs- und Teileigentum (Einzelabrechnung), und zwar – soweit die Anlage zentral beheizt und/oder mit Warmwasser versorgt wird – unter Einbeziehung der Heizkostenabrechnung, die von einer mit der Ablesung und Abrechnung auf Kosten der Wohnungseigentümergemeinschaft zu beauftragenden Wärmedienstfirma zu erstellen ist, bis spätestens 9 Monate nach Ende des Wirtschaftsjahres; mit der Jahresabrechnung wird ein Vermögensstatus unter Angabe der Entwicklung der Konten sowie der Forderungen und Verbindlichkeiten der Wohnungseigentümergemeinschaft vorgelegt;

b) Anforderung und Einziehung der sich aus der beschlossenen Abrechnung ergebenden Fehlbeträge sowie Auszahlung der sich aus der beschlossenen Abrechnung ergebenden Guthaben;

Besondere Leistungen

f) Überprüfung von Jahresabrechnungen (B)* und Erstellung von Jahresabrechnungen für Zeiträume, in denen ein Dritter das Verwalteramt inne hatte;
nach Aufwand Ja / Nein
alternativ: Pauschalvergütung ______EUR

g) Teilnahme an einer weiteren Prüfung der Jahresabrechnung durch beauftragte Sonderfachleute, z. B. durch einen Sachverständigen oder einen Wirtschaftsprüfer;
nach Aufwand Ja / Nein
alternativ: Pauschalvergütung ______EUR

h) Rechnungslegung während des Geschäftsjahres außerhalb der Jahresabrechnung;
nach Aufwand Ja / Nein
alternativ: Pauschalvergütung ______EUR

i) Abrechnung mit besonderem Umsatzsteuerausweis sowie Umsatzsteuererklärungen;
nach Aufwand Ja / Nein
alternativ: Pauschalvergütung ______EUR

c) buchungsmäßige Verarbeitung der Ergebnisse der beschlossenen Abrechnung;

d) Teilnahme an der Rechnungsprüfung durch den Verwaltungsbeirat;

e) Gewährung der Einsichtnahme in die der Jahresabrechnung zugrundeliegenden Unterlagen, Rechnungen und Belege;

(B)* = Beschluss der Wohnungseigentümergemeinschaft erforderlich

3.5 Verwaltung der gemeinschaftlichen Gelder

Grundleistungen

a) Eröffnung und Führung eines Girokontos für Beiträge und eines Anlagekontos für die Instandhaltungsrückstellung bei einem oder mehreren Geldinstituten, die der Verwalter bestimmt; beide Konten sind als offene Fremdkonten zu führen, deren Inhaber die Wohnungseigentümergemeinschaft bzw. sämtliche Mitglieder der Wohnungseigentümergemeinschaft sind; diese Konten sind getrennt vom Vermögen des Verwalters und vom Vermögen Dritter zu führen;

b) Überweisung der anteilig enthaltenen Beiträge zur Instandhaltungsrückstellung spätestens zum Ende des Wirtschaftsjahres; der Verwalter ist aber berechtigt, die Mittel der Instandhaltungsrückstellung zur Abdeckung von Liquiditätsengpässen der Wohnungseigentümergemeinschaft in Anspruch zu nehmen;

Das Fremdkonto für die Beiträge lautet wie folgt:
Konto-Inhaber:
Wohnungseigentümergemeinschaft
....
....

vertreten durch den Verwalter:
....

Konto-Nr.: ....
Bankleitzahl: ....
Kreditinstitut: ....

Besondere Leistungen

c) Eröffnung und Führung weiterer Konten und Depots (B)*
nach Aufwand Ja / Nein
alternativ: Pauschalvergütung ______EUR

4. Technische Verwaltung

4.1 Durchführung der für die ordnungsmäßige Instandhaltung und Instandsetzung sowie in sonstigen dringenden Fällen der zur Erhaltung des gemeinschaftlichen Eigentums erforderlichen Maßnahmen

Grundleistungen

a) Überwachung des baulichen und technischen Zustands des gemeinschaftlichen Eigentums durch periodische und aperiodische Begehungen, erforderlichenfalls unter Beiziehung von Sonderfachleuten auf Kosten der Wohnungseigentümergemeinschaft, über die – mit Ausnahme von dringenden Fällen – ein Beschluss der Wohnungseigentümer herbeizuführen ist;

b) Beratung der Wohnungseigentümergemeinschaft über die Notwendigkeit der Vornahme von Instandhaltungs- und Instandsetzungsarbeiten einschließlich der Klärung der Zuständigkeit (Sonder- oder Gemeinschaftseigentum) und der Beratung über Rückgriffsmöglichkeiten (z. B. Versicherung, Bauträger, Handwerker);

c) Einholung von Kostenvoranschlägen und Angeboten;

d) Führen von Vertragsverhandlungen und Vergabe der Aufträge, in der Regel in schriftlicher Form;

e) Überwachung der Arbeiten, insbesondere der Ausführungszeiten;

f) Abnahme der Arbeiten;

g) Rüge festgestellter Mängel;

h) technische Rechnungsprüfung;

i) Veranlassung der Tätigkeiten gem. lit. c) bis h) nur für Instandhaltungs- und Instandsetzungsmaßnahmen, deren Auftragssumme einen Betrag von ____________ EUR nicht überschreitet und / oder deren Durchführung die Zuziehung eines Sonderfachmanns nicht erfordert;

Besondere Leistungen

m) Veranlassung der Tätigkeiten gem. lit. c) bis h) bei Instandhaltungs- und Instandsetzungsmaßnahmen, deren Auftragssumme einen Betrag von ____________ EUR überschreitet und / oder deren Durchführung die Zuziehung eines Sonderfachmanns erfordert, welche unterbleibt;
Vergütung nach § 8 II. BV:
- bis 127.882,97 EUR (brutto)
alternativ:
aus der Schlussrechnungssumme ______%

n) Aufstellung eines Instandhaltungsplanes über einen bestimmten Zeitraum, mit Schätzung der zu erwartenden Kosten (B)*.
nach Aufwand Ja / Nein
alternativ: Pauschalvergütung ______EUR

j) Veranlassung von sofortigen Maßnahmen in dringenden Fällen, z. B. Rohrbruch, Brand- oder Sturmschäden;

k) Meldung von Schäden am Gemeinschaftseigentum an die Versicherung;

l) Organisation und Überwachung der Personen, die mit der Erfüllung von Verkehrssicherungspflichten beauftragt sind;
- über 127.882,97 EUR (brutto) 3,1% der Schlussrechnungssumme

4.2 Durchführung baulicher Änderungen (Umbauten, Ausbauten, Modernisierungen)

Grundleistungen	Besondere Leistungen
a) Stellungnahme zu beabsichtigten baulichen Veränderungen;	b) sämtliche über lit. a) hinausgehenden Leistungen. Vergütung nach § 8 II. BV: - bis 127.882,97 EUR (brutto) 3,4% der Schlussrechnungssumme - über 127.882,97 EUR (brutto) 3,1% der Schlussrechnungssumme Alternativ: aus der Schlussrechnungssumme ______%

4.3 Abnahme des gemeinschaftlichen Eigentums und Verfolgung von Gewährleistungsansprüchen gegen den Veräußerer (Bauträger)

Grundleistungen	Besondere Leistungen
a) Beratung zum Inhalt zweckmäßiger Beschlussfassungen; b) Beratung über die Hinzuziehung von Sonderfachleuten;	c) Teilnahme an der Abnahme, ggf. unter Beiziehung eines Sachverständigen zum Zwecke der Feststellung der für die erstmalige ordnungsmäßige Herstellung des Gemeinschaftseigentums erforderlichen Maßnahmen; nach Aufwand Ja / Nein alternativ: Pauschalvergütung ______EUR d) Vorbereitung der außergerichtlichen und gerichtlichen Geltendmachung von Ansprüchen der Wohnungseigentümer auf Nacherfüllung und anderen Mängelansprüchen; nach Aufwand Ja / Nein alternativ: Pauschalvergütung ______EUR

e) Beauftragung und Koordinierung von Sonderfachleuten, z. B. von Sachverständigen und Rechtsanwälten.
nach Aufwand Ja / Nein
alternativ: Pauschalvergütung ______EUR

4.4 Sonstige technische Verwaltungsleistungen

Grundleistungen

a) Bestellung von Schlüsseln und Schließzylindern aus der gesicherten Schließanlage für Räume des gemeinschaftlichen Eigentums für den gemeinschaftlichen Gebrauch;

b) Veranlassung der Prüfung und Wartung von Sicherheitseinrichtungen durch Handwerker, Sachverständige und Technischen Überwachungsverein (TÜV), wie z. B. für Heizung, Aufzüge, Blitzschutz-anlagen, Lüftungs- und Co2-Anlagen, Garagentorantriebe, Brandschutzeinrichtungen (Feuerlöscher, Löschwasserleitungen, Brandschutztüren, Rauchabzugsklappen), Öltank- und Ölüberwachungsanlagen, Ölabscheider;

Besondere Leistungen

c) Bestellung von Schlüsseln und Schließzylindern aus der gesicherten Schließanlage für einzelne Wohnungseigentümer und Veranlassung der Zustellung gegen Nachnahme.
nach Aufwand Ja / Nein
alternativ: Pauschalvergütung ______EUR

IV. Pflichten der Wohnungseigentümer

1. Übergabe und Einlagern der Unterlagen

Sämtliche Verwaltungsunterlagen, die zu einer ordnungsgemäßen Verwaltung erforderlich sind, sind dem Verwalter rechtzeitig vor Beginn der Tätigkeit in geordneter Form auszuhändigen, insbesondere:

- Teilungserklärung/Gemeinschaftsordnung mit Aufteilungsplänen und Abgeschlossenheitsbescheinigung;
- aktuelle Stammdaten (Eigentümerlisten, Adressen, Wohnungsnummern, Wohn-/Heizflächen);
- Beschlussprotokolle aller Wohnungseigentümerversammlungen;
- alle gerichtlichen Entscheidungen aus WEG-Verfahren;
- vollständige Bau-, Revisions- und Lagepläne einschließlich Massenangaben;
- alle Verträge, die mit Dritten im Namen der Wohnungseigentümergemeinschaft abgeschlossen und noch nicht vollständig abgewickelt worden sind;
- den gültigen Wirtschaftsplan und die letzte Jahresabrechnung mit den vom Beirat geprüften Belegen in geordneter und zusammengestellter Form einschließlich Geldbestandsnachweis über gemeinschaftliche Gelder in spezifizierter Form. Ältere Abrechnungen, Belege und Unterlagen werden bei bzw. zu Lasten der Wohnungseigentümergemeinschaft eingelagert.

2. Schadensmeldung

Erkannte Schäden am Gemeinschaftseigentum, auch im Bereich des Sondereigentums, sind von den Wohnungseigentümern dem Verwalter unverzüglich schriftlich anzuzeigen.

3. Zutritt zum Wohnungseigentum
Der Zutritt zum Wohnungseigentum nach vorheriger Terminanmeldung ist durch den Wohnungseigentümer oder Dritte für Ablese-, Überprüfungs- und Instandsetzungsmaßnahmen am Gemeinschaftseigentum sicherzustellen.

4. Hausordnung
Jeder Wohnungseigentümer hat für die Einhaltung der jeweils gültigen Hausordnung zu sorgen, und zwar auch in bezug auf Personen, denen er den Gebrauch ganz oder teilweise überlässt, insbesondere in bezug auf Mieter. Die Hausordnung sowie den Gebrauch betreffende Regeln der Gemeinschaftsordnung der Wohnungseigentümergemeinschaft sollen deshalb als Bestandteil in den Mietvertrag aufgenommen werden.

5. Wertverbesserungen
Um eine Unterversicherung des Gebäudes zu vermeiden, sind Wertverbesserungen im Sondereigentum, die über die Ausstattung gemäß Baubeschreibung hinausgehen, dem Verwalter unter Angabe der Werte unverzüglich schriftlich mitzuteilen, sofern nicht eine gesonderte Regelung besteht.

6. Weiterveräußerung und Änderungen
Bei Weiterveräußerung hat der Veräußerer dem Verwalter die Stammdaten des Erwerbers / der Erwerber (Vor- und Nachnamen, Anschrift und den Tag der Eigentumsumschreibung im Grundbuch) unverzüglich schriftlich mitzuteilen.
Adressänderungen und /oder Änderung des Bankkontos sind dem Verwalter unverzüglich schriftlich mitzuteilen.

7. Personenmehrheit
Mehrere Personen, die Eigentümer eines Wohnungseigentums sind (Erbengemeinschaften, BGB-Gesellschaften), sind verpflichtet, dem Verwalter schriftlich einen Bevollmächtigten zu benennen, der berechtigt ist, Willenserklärungen und Zustellungen, die im Zusammenhang mit der Verwaltung des gemeinschaftlichen Eigentums stehen, für sie entgegenzunehmen und abzugeben. Bis zur Benennung gelten die Mitglieder einer solchen Personenmehrheiten als wechselseitig zur Entgegennahme von Willenserklärungen bevollmächtigt.

V. Vollmacht des Verwalters

1. Der Verwalter kann von der Wohnungseigentümergemeinschaft die Ausstellung einer notariell beglaubigten Vollmachtsurkunde verlangen, aus der sich der Umfang seiner Vertretungsmacht ergibt; der Vorsitzende des Verwaltungsbeirats wird ermächtigt, die Vollmachtsurkunde namens der Wohnungseigentümergemeinschaft zu unterschreiben.
Erlischt die Vertretungsmacht, so ist die Vollmachtsurkunde der Wohnungseigentümergemeinschaft unverzüglich zurückzugeben; ein Zurückbehaltungsrecht an der Urkunde steht dem Verwalter nicht zu.

2. Der Verwalter wird bevollmächtigt, im Namen und für Rechnung der Wohnungseigentümer alle Rechtsgeschäfte und Rechtshandlungen vorzunehmen, die die Verwaltung des gemeinschaftlichen Eigentums und die Erfüllung der in Ziffer III. aufgeführten Aufgaben und Befugnisse des Verwalters betreffen. Insbesondere wird er bevollmächtigt:

a) die Wohnungseigentümergemeinschaft gegenüber Dritten und gegenüber einzelnen Eigentümern gerichtlich und außergerichtlich zu vertreten sowie Ansprüche der Wohnungseigentümergemeinschaft gegen Dritte oder gegenüber einzelnen Wohnungseigentümern gerichtlich und außergerichtlich geltend zu machen; zum Abschluss von Vergleichen bedarf es eines bestandskräftigen Beschlusses der Wohnungseigentümergemeinschaft;

b) Untervollmacht zu erteilen und im Zusammenhang mit der gerichtlichen Vertretung der Wohnungseigentümergemeinschaft stets einen Rechtsanwalt zu beauftragen;

c) einen Rechtsanwalt mit der Vertretung der beschlussfassenden Mehrheit bei Beschlussanfechtungen oder Klagen / Anträgen einzelner Eigentümer gegen die übrigen Wohnungseigentümer zu beauftragen; dies gilt auch für den Fall der Anfechtung von Beschlüssen über die Jahresabrechnung, die Entlastung des Verwalters und Beschlüssen, von denen der Verwalter unmittelbar oder mittelbar betroffen ist;

d) Bankkonten zu eröffnen und aufzulösen sowie Darlehen aufzunehmen;

e) Personal einzustellen (z. B. Hausmeister, Reinigungskräfte) und zu kündigen.

VI. Haftung des Verwalters

1. Der Verwalter hat seine Aufgaben mit der Sorgfalt eines erfahrenen und fachkundigen Verwalters von Wohnungseigentum zu erfüllen und alle mit seiner Tätigkeit zusammenhängenden Rechtsvorschriften zu beachten.

2. Schadensersatzansprüche der Wohnungseigentümer gegen den Verwalter verjähren grundsätzlich nach der gesetzlichen Regelung. Die von der Kenntnis der Wohnungseigentümer unabhängige Haftung des Verwalters endet aber fünf Jahre nach Entstehen des Anspruchs.

3. Der Verwalter hat eine angemessene Vermögensschadenhaftpflichtversicherung abzuschließen und zu unterhalten.

4. Die Haftung für ein Verhalten des Verwalters und seiner Erfüllungsgehilfen, das weder vorsätzlich noch grob fahrlässig ist, wird der Höhe nach auf die Versicherungssumme begrenzt. Diese beträgt _______ EUR. Soweit der Verwalter eine Betriebshaftpflichtversicherung abgeschlossen hat, wird die Haftung insoweit nicht ausgeschlossen, als der Versicherer eintrittspflichtig ist.

5. Von der Verkürzung der Verjährungsfrist (Ziff. 2) und der Beschränkung der Haftung (Ziff. 4) nicht erfasst sind Ansprüche aus vom Verwalter zu vertretenden Verletzungen von Leben, Körper oder Gesundheit. Unbeschränkt haftet der Verwalter auch für die Erfüllung der Pflichten, deren Einhaltung erforderlich ist, um den Vertragszweck zu erreichen (sog. Kardinalpflichten); hierzu zählen zum Beispiel die Pflichten zur Vorlage des Wirtschaftsplanes und der Abrechnung.

6. Die Wohnungseigentümer sind verpflichtet, in der ordentlichen Wohnungseigentümerversammlung über die Entlastung des Verwalters zu beschließen und Entlastung zu erteilen, es sei denn, dass dadurch bestehende oder mögliche Ansprüche gegen den Verwalter, die zu benennen sind, ausgeschlossen würden.

VII. Vergütung

1. Vergütung für Grundleistungen

a) Der Verwalter erhält für die aus diesem Vertrag von ihm zu erbringenden Grundleistungen eine monatliche Vergütung von zur Zeit

.... EUR je Wohnung

.... EUR je gewerblich oder freiberuflich genutzter Einheit

.... EUR je Garage/Abstellplatz

.... EUR je sonstigem Teileigentum

zuzüglich der zum Fälligkeitszeitpunkt geltenden Mehrwertsteuer.

Die dem Verwalter im Zusammenhang mit der Erbringung der Grundleistungen stehenden Auslagen wie Porti, Telefon etc. werden nicht zusätzlich vergütet; ausgenommen hiervon sind die im Zusammenhang mit der Einberufung und Durchführung von Wohnungseigentümerversammlungen stehenden Auslagen, die in entsprechender Anwendung der nachfolgenden Ziff. 2. c) zu erstatten sind.

Die Vergütung für die Grundleistungen ist monatlich im voraus fällig.

b) Die Vergütung für die Grundleistungen ist wie folgt anzupassen:
Verändert sich das Tarifgehalt der Angestellten der Wohnungswirtschaft der Ortsklasse 1 Gruppe 3, 7 Berufsjahre um mehr als 3% gegenüber dem Zeitpunkt des Vertragsabschlusses bzw. dem Zeitpunkt der letzten Anpassung nach dieser Bestimmung, so verändert sich der auf die Lohnkosten entfallende Teil der Vergütung im gleichen Verhältnis. Der Lohnkostenanteil der vereinbarten Vergütung wird mit 75% vereinbart, so dass die darüber hinausgehende Vergütung des Verwalters unverändert bleibt. Die Veränderung umfasst sowohl Erhöhungen als auch Ermäßigungen. Die Veränderung tritt zum gleichen Zeitpunkt in Kraft wie die Veränderung des Tarifs. Bei dieser Bestimmung handelt es sich um eine genehmigungsfreie Spannungsklausel. Sollte diese Klausel genehmigungspflichtig sein und nicht genehmigt werden, so werden die Parteien eine genehmigungsfreie Anpassungsklausel vereinbaren.

2. Vergütung für Besondere Leistungen

Die Besonderen Leistungen werden wie folgt vergütet:

a) Die Besonderen Leistungen des Verwalters werden nach Aufwand – soweit vereinbart – abgerechnet; hierfür beträgt der Stundensatz

für Inhaber, Geschäftsführer oder Prokuristen .... EUR

für Sachbearbeiter.. EUR

für Schreibkräfte... EUR

für Auszubildende .... EUR

b) Vergütungsschuldner, Fälligkeit

Die Vergütung für Besondere Leistungen erhält der Verwalter von der Wohnungseigentümergemeinschaft. Die Vergütung ist mit Rechnungsstellung zur Zahlung fällig.

c) Auslagenersatz
Die dem Verwalter im Zusammenhang mit der Erbringung der Besonderen Leistungen zustehenden Auslagen wie Fahrtkosten, Porto, Telefon, Telefax werden gegen Nachweis erstattet. Bis 50 Kopien werden pro Vorgang 0,50 EUR je Stück, darüber hinaus 0,30 EUR je Stück berechnet.

d) Mehrwertsteuer
Die Mehrwertsteuer ist in der zum Fälligkeitszeitpunkt geltenden Höhe hinzuzurechnen.

VIII. Datenschutz

1. Der Verwalter ist berechtigt, für die Buchführung, die Erstellung der Wirtschaftspläne und der Abrechnungen, die Abwicklung des Zahlungsverkehrs sowie sonstiger Aufgaben im Zusammenhang mit der Verwaltung der Wohnungseigentümergemeinschaft und des Verwaltungsobjektes elektronische Datenverarbeitung einzusetzen.

2. Zu diesem Zweck ist die Erfassung, Speicherung, Übermittlung sowie das Verändern oder die sonstige Nutzung von Daten durch den Verwalter zulässig.

3. Die Wohnungseigentümer erteilen hierzu ausdrücklich ihre Zustimmung.

4. Die Bestimmungen des BDSG und der datenschutzrechtlichen Gesetze und Verordnungen der einzelnen Länder werden dabei beachtet.

IX. Schiedsvertrag

Für den Fall, dass die Wohnungseigentümer in einem Schiedsvertrag die Zuständigkeit des Deutschen Ständigen Schiedsgerichts für Wohnungseigentumssachen vereinbart haben oder vereinbaren, verpflichtet sich der Verwalter, diesem Schiedsvertrag beizutreten.

X. Schlussbestimmungen

1. Für den Fall der Veräußerung eines Wohnungseigentums stimmt der Verwalter dem Eintritt des Erwerbers in diesen Vertrag anstelle des Veräußerers mit Wirkung ab Eigentumsübergang schon jetzt zu.

2. Bei einer Veräußerung vor dem Entstehen der Wohnungseigentümergemeinschaft hat der Veräußerer die Erwerber von Wohnungseigentum zum Eintritt in diesen Verwaltervertrag zu verpflichten; der Verwalter stimmt dem Eintritt des Erwerbers in diesen Vertrag mit Wirkung ab Eintragung der Auflassungsvormerkung im Grundbuch und Übergang des Besitzes auf den Erwerber schon jetzt zu.

3. Die Bestimmungen dieses Vertrages gelten entsprechend auch für ein Teileigentum, ein Wohnungserbbaurecht und ein Teilerbbaurecht, soweit sich aus dem Inhalt und Zweck einzelner Bestimmungen nichts anderes ergibt.

4. Der Verwalter ist berechtigt, für einzelne Wohnungseigentümer Leistungen (z. B. Betriebskostenabrechnung mit Mietern) gegen Entgelt zu erbringen.

5. Für Erklärungen des Verwalters, die diesen Vertrag betreffen, ist der Vorsitzende des Verwaltungsbeirats bzw. bis zu dessen Wahl der gesamte Verwaltungsbeirat empfangsbevollmächtigt. Steht ein Wohnungseigentum mehreren Personen zu, so bevollmächtigen sich diese gegenseitig zur Entgegennahme von Willenserklärungen des Verwalters; diese Vollmacht kann aus berechtigtem Interesse widerrufen werden.

6. Mündliche Nebenabreden zu diesem Vertrag bestehen nicht. Änderungen und Ergänzungen dieses Vertrages bedürfen der Zustimmung der Wohnungseigentümer durch Mehrheitsbeschluss und der Zustimmung des Verwalters.

7. Sollte eine Bestimmung dieses Vertrages unwirksam sein oder werden oder der Verwaltervertrag hinsichtlich einzelner Bestimmungen für ungültig erklärt werden, berührt dies die Wirksamkeit des Vertrages im Übrigen nicht. Anstelle der unwirksamen Bestimmung tritt die gesetzliche Regelung.

XI. Vorrang von Teilungsvertrag/Teilungserklärung und Gemeinschaftsordnung

Eine nur durch Vereinbarung abänderbare Regelung des Teilungsvertrages / der Teilungserklärung und Gemeinschaftsordnung hat Vorrang vor hiervon abweichenden oder modifizierenden Regelungen dieses Vertrages. Ausgenommen hiervon ist die Verpflichtung der Wohnungseigentümer zur Teilnahme am Lastschriftverfahren gem. Abschnitt III. 3.3 b).

XII. Sonstige Vereinbarungen

____

____

Ort Datum

Verwalter

Wohnungseigentümergemeinschaft

1) vertreten durch ....

....

die durch Beschluss der Wohnungseigentümerversammlung vom .... zu Tagesordnungspunkt .... zum Abschluss des Verwaltervertrages ermächtigt sind.

2) Die Annahme des Vertragsangebots des Verwalters erfolgte durch Beschluss der Wohnungseigentümerversammlung vom ....
zu Tagesordnungspunkt ....
Die Niederschrift ist auszugsweise als Anlage beigefügt.

Quelle: Dachverband Deutscher Immobilienverwalter e.V.

Objekt:

	Ja	Nein	NZ
Hat der Verwalter die Abrechnung fertig gestellt ?	❑	❑	
Wurde ein Termin mit dem Verwalter abgesprochen?	❑	❑	
Ist der Sachbearbeiter der Verwaltung bei dem Termin anwesend?	❑	❑	
Wurde der Termin mit den anderen Beiräten abgestimmt?	❑	❑	
Wurde zu der Belegprüfung durch den Vorsitzenden des Beirates eingeladen?	❑	❑	
Gibt es Schwerpunkte die dieses Jahr geprüft werden sollen? Wenn ja, welche?			
	❑	❑	
	❑	❑	
Wer übernimmt welche Prüfungsaufgaben?			
Was wurde im letzten Prüfbericht bemängelt?	❑	❑	
Wurde die Bemängelungen durch die Verwaltung abgearbeitet?	❑	❑	
Was wird an Materialien benötigt?			
• Prüfungsprotokolle der letzten Jahre	❑	❑	
• Letzten Nebenkostenabrechnungen	❑	❑	
• Taschenrechner	❑	❑	

Bemerkung / Maßnahmen:

	Datum	Unterschrift

Objekt:

Die Jahresabrechnung der WEG-Verwaltung enthält / weist aus	Ja	Nein	NZ
die Abrechnungs- / Umlageschlüssel	❑	❑	
❑ alle Wohngeldvorauszahlungen ❑ Summe der Vorauszahlungen	❑	❑	
sämtliche Gemeinschaftseinnahmen (z.B. Waschraum, Zinsen)	❑	❑	
alle Ausgaben im Abrechnungszeitraum	❑	❑	
Forderungen / Verbindlichkeiten der WEG gegenüber Dritten	❑	❑	
den Guthabens- bzw. Nachzahlungsbetrag	❑	❑	

Falls keine gesonderte Vermögensübersicht erstellt wird:

die Kontenstände sämtlicher für die Gemeinschaft geführten Konten (Giro-, Spar-, Festgeldkonten)	❑	❑	
sonstige Vermögenswerte	❑	❑	
Angaben über die Höhe der Instandhaltungsrücklage	❑	❑	
Umlagefähige Positionen sind beachtet	❑	❑	
unklare Positionen	❑	❑	
	❑	❑	
	❑	❑	
	❑	❑	

Bemerkung / Maßnahmen:

Datum **Unterschrift**

Prüfbericht des Verwaltungsbeirates

Eigentümergemeinschaft:

Der Verwalterbeirat hat im Rahmen der jährlichen Prüfung der Nebenkostenabrechnung gemäß § 29 Absatz 3 WEG am .... durch die Verwaltungsbeiräte

1. ....
2. ....
3. ....

folgende Unterlagen geprüft. Sie standen dem Beirat im Original zur Verfügung:
(genaue Auflistung einfügen)

....	....
....	....
....	....
....	....
....	....
....	....

Er hat hierbei folgende Feststellungen getroffen:

....	....
....	....

Die Feststellungen wurden mit der Verwaltung besprochen und ausgeräumt. Lediglich folgende Punkte blieben offen und sind von der Verwaltung noch zu erledigen:

Nr.	Aufgabe	Zu erledigen bis

Ort / Datum / Unterschrift ....

Geschäftsordnung

§ 1 Sitzungen des Verwaltungsbeirates

Angelegenheiten über die nach dem WEG, der Gemeinschaftsordnung, den Vereinbarung oder Beschlüssen der Wohnungseigentümerversammlung der Verwaltungsbeirat zu entscheiden hat, werden auf einer Sitzung des Verwaltungsbeirates behandelt.

§ 2 Einberufung, Vorsitz, Protokoll

1. Die Sitzungen des Verwaltungsbeirates werden durch seinen Vorsitzenden einberufen. Im Fall seiner Verhinderung kann ein anderes Beiratsmitglied eine Sitzung einberufen.
2. Der Verwaltungsbeirat tagt mindestens 1x jährlich. Diese Sitzung findet in der Regel vor der Eigentümerversammlung statt. Die Häufigkeit der Sitzungen oder deren Turnus legt der Verwaltungsbeirat selbst nach eigenem Ermessen fest.
3. Die Einberufung kann schriftlich oder per E-Mail erfolgen. Die Einberufungsfrist beträgt eine Woche, in dringenden Fällen kann auch mit einer Frist von 3 Tagen geladen werden.

4 Die Sitzungen des Verwaltungsbeirates werden von dem Vorsitzenden geleitet.

5 Über die Sitzungen des Verwaltungsbeirates ist ein Protokoll zu fertigen, das von dem Vorsitzenden zu unterschreiben ist. Das Protokoll ist aufzubewahren und beim Verwalter für die Verwaltungsunterlagen zu hinterlegen.

§ 3 Beschlussfassungen

1. Der Verwaltungsbeirat entscheidet über die von ihm zu regelenden Angelegenheiten durch Beschlussfassung.
2. Die Beschlüsse werden mit einfacher Mehrheit gefasst
3. Jeder Beirat hat eine Stimme. Bei Stimmengleichheit gilt ein Beschluss als nicht gefasst.
4. Der Beirat ist beschlussfähig, wenn mehr als die Hälfte seiner Mitglieder anwesend ist.
5. Der Beirat kann einen Beschluss auch im schriftlichen Umlaufverfahren fassen, wenn alle Beiratsmitglieder dem zustimmen. Ein Beschluss ist im schriftlichen Umlaufverfahren gefasst, wenn alle stimmberechtigten Mitglieder dem Beschlussvorschlag schriftlich zustimmt haben.

§ 4 Teilnahme Dritter Personen

Die Teilnahme dritter Personen an den Sitzungen der Verwaltungsbeirates darf nur auf Grund eines vor oder zu Beginn der Sitzungen zu fassenden Mehrheitsbeschlusses erfolgen. Die Teilnahme kann auf einzelne Punkte beschränkt werden.

In einzelnen Fällen ist es sinnvoll den Verwalter oder einen Sachbearbeiter der Verwaltung zu den Sitzungen mit einzuladen. Über deren Teilnahme kann ebenfalls abgestimmt werden, sofern ein Beiratsmitglied dies verlangt.

§ 5 Stellungnahmen des Verwaltungsbeirates

1. Die Stellungnahmen des Verwaltungsbeirates werden durch dessen Vorsitzenden abgegeben. Eine Übertragung dieser Aufgaben auf ein anderes Beiratsmitglied ist zulässig.
2. Gegenüber der Wohnungseigentümerversammlung und gegenüber einzelnen Wohnungseigentümern ist jedes Mitglied des Verwaltungsbeirates zur Auskunft berechtigt und verpflichtet.

Ort / Datum / Unterschrift / ....

mit dem Hinweis beschlossen auf ....

X. Hinweise

1. Buchtipps und Literaturhinweise

Klassen / Eiermann, Das Mandat in WEG-Sachen, 2. Auflage, Verlag C.H. Beck

Gottschalg, Die Haftung von Verwalter und Beirat in der Wohnungseigentümergmeeinschaft, C.H. Beck Verlag

Röll / Sauren, Handbuch für Verwalter und Wohnungseigentümer, Verlag Dr. Otto Schmidt

Niedenführ / Schulze, WEG, Handbuch und Kommentar zum Wohnungseigentumsgesetz, C.F. Müller Verlag

Hausmann / Wulff, Der Verwaltungsbeirat – Aufgaben und Möglichkeiten Grabener Verlag, Hausmann Hausverwaltung, Norderstedt

Volker Bielefeld „Der Verwaltungsbeirat - Rechte - Pflichten - Haftung"
1. Auflage – Haus und Grund Dt. Verlag und Service GmbH

Volker Bielefeld „Der Wohnungseigentümer"
5. Auflage – Verlag der Deutschen Wohnungswirtschaft GmbH

Michael Drasdo „Der Verwaltungsbeirat – nach dem Wohnungseigentumsgesetz"
2001 – Haufe Verlag, Freiburg

verschiedene Autoren, Partner im Gespräch – „Verwalter und Verwaltungsbeirat",
2001 – Band 61 – Verlag Dr. Otto Schmidt

Annette Maas, „Der Verwaltungsbeirat als Organ der Gemeinschaft der Wohnungseigentümer", Aachen 2000 – Shaker-Verlag

Siegfried Bertram „Der Verwaltungsbeirat im Wohnungseigentum"
1991 – Schriftenreihe des Hausmann Immobilien Management

verschiedene Autoren, Finanz-Test „Handbuch Eigentumswohnungen"
1997 – Finanz-Test, Stiftung Warentest

2. Veranstaltungshinweise / Seminartipps

Die Verwalterverbände bieten Seminare an, die auch von Verwaltungsbeiräten besucht werden können:

Verband der Immobilienverwalter Bayern e.V.
Elisenstraße 3
80803 München
089-553916
www.vdiv-bayern.de

Weitere Seminarveranstalter mit interessanten Programmen:

Evangelisches Siedlungswerk
Fischener Fachgespräche, finden immer Ende Oktober statt
www.esw-deutschland.de

Haufe Verlag in Freiburg mit bundesweiten Seminaren
www.haufe-akademie.de

ML-Fachinstitut für die Immobilienwirtschaft mit bundesweiten Seminaren
www.ml-fachseminare.de

Haase & Partner GmbH
www.immobilienverwaltung-online.de

XI. Auszug aus dem Wohnungseigentumsgesetz

§ 16 Nutzungen, Lasten und Kosten

(1) Jedem Wohnungseigentümer gebührt ein seinem Anteil entsprechender Bruchteil der Nutzungen des gemeinschaftlichen Eigentums. Der Anteil bestimmt sich nach dem gemäß § 47 der Grundbuchordnung im Grundbuch eingetragenen Verhältnis der Miteigentumsanteile.
(2) Jeder Wohnungseigentümer ist den anderen Wohnungseigentümern gegenüber verpflichtet, die Lasten des gemeinschaftlichen Eigentums sowie die Kosten der Instandhaltung, Instandsetzung, sonstigen Verwaltung und eines gemeinschaftlichen Gebrauchs des gemeinschaftlichen Eigentums nach dem Verhältnis seines Anteils (Absatz 1 Satz 2) zu tragen.
(3) Die Wohnungseigentümer können abweichend von Absatz 2 durch Stimmenmehrheit beschließen, dass die Betriebskosten des gemeinschaftlichen Eigentums oder des Sondereigentums im Sinne des § 556 Abs. 1 des Bürgerlichen Gesetzbuches, die nicht unmittelbar gegenüber Dritten abgerechnet werden, und die Kosten der Verwaltung nach Verbrauch oder Verursachung erfasst und nach diesem oder nach einem anderen Maßstab verteilt werden, soweit dies ordnungsmäßiger Verwaltung entspricht.
(4) Die Wohnungseigentümer können im Einzelfall zur Instandhaltung oder Instandsetzung im Sinne des § 21 Abs. 5 Nr. 2 oder zu baulichen Veränderungen oder Aufwendungen im Sinne des § 22 Abs. 1 und 2 durch Beschluss die Kostenverteilung abweichend von Absatz 2 regeln, wenn der abweichende Maßstab dem Gebrauch oder der Möglichkeit des Gebrauchs durch die Wohnungseigentümer Rechnung trägt. Der Beschluss zur Regelung der Kostenverteilung nach Satz 1 bedarf einer Mehrheit von drei Viertel aller stimmberechtigten Wohnungseigentümer im Sinne des § 25 Abs. 2 und mehr als der Hälfte aller Miteigentumsanteile.
(5) Die Befugnisse im Sinne der Absätze 3 und 4 können durch Vereinbarung der Wohnungseigentümer nicht eingeschränkt oder ausgeschlossen werden.
(6) Ein Wohnungseigentümer, der einer Maßnahme nach § 22 Abs. 1 nicht zugestimmt hat, ist nicht berechtigt, einen Anteil an Nutzungen, die auf einer solchen Maßnahme beruhen, zu beanspruchen; er ist nicht verpflichtet, Kosten, die durch eine solche Maßnahme verursacht sind, zu tragen. Satz 1 ist bei einer Kostenverteilung gemäß Absatz 4 nicht anzuwenden.
(7) Zu den Kosten der Verwaltung im Sinne des Absatzes 2 gehören insbesondere Kosten eines Rechtsstreits gemäß § 18 und der Ersatz des Schadens im Falle des § 14 Nr. 4.
(8) Kosten eines Rechtsstreits gemäß § 43 gehören nur dann zu den Kosten der Verwaltung im Sinne des Absatzes 2, wenn es sich um Mehrkosten gegenüber der gesetzlichen Vergütung eines Rechtsanwalts aufgrund einer Vereinbarung über die Vergütung (§ 27 Abs. 2 Nr. 4, Abs. 3 Nr. 6) handelt.

§ 24 Einberufung, Vorsitz, Niederschrift

Die Versammlung der Wohnungseigentümer wird von dem Verwalter mindestens einmal im Jahr einberufen.
(2) Die Versammlung der Wohnungseigentümer muss von dem Verwalter in den durch Vereinbarung der Wohnungseigentümer bestimmten Fällen, im Übrigen dann einberufen werden, wenn dies schriftlich unter Angabe des Zwecks und der Gründe von mehr als einem Viertel der Wohnungseigentümer verlangt wird.
(3) Fehlt ein Verwalter oder weigert er sich pflichtwidrig, die Versammlung der Wohnungseigentümer einzuberufen, so kann die Versammlung auch, falls ein Verwaltungsbeirat bestellt ist, von dessen Vorsitzenden oder seinem Vertreter einberufen werden.
(4) Die Einberufung erfolgt in Textform. Die Frist der Einberufung soll, sofern nicht ein Fall besonderer Dringlichkeit vorliegt, mindestens zwei Wochen betragen.

(5) Den Vorsitz in der Wohnungseigentümerversammlung führt, sofern diese nichts anderes beschließt, der Verwalter.
(6) Über die in der Versammlung gefassten Beschlüsse ist eine Niederschrift aufzunehmen. Die Niederschrift ist von dem Vorsitzenden und einem Wohnungseigentümer und, falls ein Verwaltungsbeirat bestellt ist, auch von dessen Vorsitzenden oder seinem Vertreter zu unterschreiben. Jeder Wohnungseigentümer ist berechtigt, die Niederschrift einzusehen.
(7) Es ist eine Beschluss-Sammlung zu führen. Die Beschluss-Sammlung enthält nur den Wortlaut der in der Versammlung der Wohnungseigentümer verkündeten Beschlüsse mit Angabe von Ort und Datum der Versammlung der schriftlichen Beschlüsse mit Angabe von Ort und Datum der Verkündung und der Urteilsformeln der gerichtlichen Entscheidungen in einem Rechtsstreit gemäß § 43 mit Angabe ihres Datums, des Gerichts und der Parteien,soweit diese Beschlüsse und gerichtlichen Entscheidungen nach dem ... ergangen sind. Die Beschlüsse und gerichtlichen Entscheidungen sind fortlaufend einzutragen und zu nummerieren. Sind sie angefochten oder aufgehoben worden, so ist dies anzumerken. Im Falle einer Aufhebung kann von einer Anmerkung abgesehen und die Eintragung gelöscht werden. Eine Eintragung kann auch gelöscht werden, wenn sie aus einem anderen Grund für die Wohnungseigentümer keine Bedeutung mehr hat. Die Eintragungen, Vermerke und Löschungen gemäß den Sätzen 3 bis 6 sind unverzüglich zu erledigen und mit Datum zu versehen. Einem Wohnungseigentümer oder einem Dritten, den ein Wohnungseigentümer ermächtigt hat, ist auf sein Verlangen Einsicht in die Beschluss-Sammlung zu geben.
(8) Die Beschluss-Sammlung ist von dem Verwalter zu führen. Fehlt ein Verwalter, so ist der Vorsitzende der Wohnungseigentümerversammlung verpflichtet, die Beschluss-Sammlung zu führen, sofern die Wohnungseigentümer durch Stimmenmehrheit keinen anderen für diese Aufgabe bestellt haben.

§ 28 Wirtschaftsplan, Rechnungslegung

(1) Der Verwalter hat jeweils für ein Kalenderjahr einen Wirtschaftsplan aufzustellen. Der Wirtschaftsplan enthält: die voraussichtlichen Einnahmen und Ausgaben bei der Verwaltung des gemeinschaftlichen Eigentums; die anteilmäßige Verpflichtung der Wohnungseigentümer zur Lasten- und Kostentragung; die Beitragsleistungen der Wohnungseigentümer zu der in § 21 Abs. 5 Nr. 4 vorgesehenen Instandhaltungsrückstellung.
(2) Die Wohnungseigentümer sind verpflichtet, nach Abruf durch den Verwalter dem beschlossenen Wirtschaftsplan entsprechende Vorschüsse zu leisten.
(3) Der Verwalter hat nach Ablauf des Kalenderjahres eine Abrechnung aufzustellen.
(4) Die Wohnungseigentümer können durch Mehrheitsbeschluss jederzeit von dem Verwalter Rechnungslegung verlangen.
(5) Über den Wirtschaftsplan, die Abrechnung und die Rechnungslegung des Verwalters beschließen die Wohnungseigentümer durch Stimmenmehrheit.

§ 29 Verwaltungsbeirat

Die Wohnungseigentümer können durch Stimmenmehrheit die Bestellung eines Verwaltungsbeirats beschließen. Der Verwaltungsbeirat besteht aus einem Wohnungseigentümer als Vorsitzenden und zwei weiteren Wohnungseigentümern als Beisitzern.
Der Verwaltungsbeirat unterstützt den Verwalter bei der Durchführung seiner Aufgaben.
Der Wirtschaftsplan, die Abrechnung über den Wirtschaftsplan, Rechnungslegungen und Kostenanschläge sollen, bevor über sie die Wohnungseigentümerversammlung beschließt, vom Verwaltungsbeirat geprüft und mit dessen Stellungnahme versehen werden.
(4) Der Verwaltungsbeirat wird von dem Vorsitzenden nach Bedarf einberufen.

XII. Der Autor

Steffen Haase ist Immobilienverwalter mit Leib und Seele.

Die Immobilienverwaltung Haase & Partner GmbH verwaltet – mit Büros in Augsburg, München und Nürnberg – Immobilien im Bereich der Wohnungseigentumsverwaltung und Mietverwaltung in Bayern. Zudem ist Steffen Haase als Zwangsverwalter sowie als Notverwalter von Immobilien für Amtsgerichte tätig.

Für die Zertifizierung seiner Immobilienverwaltung nach DIN ISO 9001 : 2000 wurde er im Jahr 2001 als Immobilienverwalter des Jahres vom Dachverband Deutscher Immobilienverwalter ausgezeichnet. Aus seinem Qualitätsmanagementhandbuch hat er zusammen mit einer Unternehmensberatungsfirma und dem Verband der Immobilienverwalter erfolgreich ein System entwickelt, das es anderen Immobilienverwaltern ermöglicht, kostengünstig und einfach auch ihr Unternehmen zertifizieren zu lassen.

Als Dozent für Seminare und Lehrgänge der Immobilienwirtschaft und in der Aus- und Weiterbildung von Verwaltern für Miet- und für Wohnungseigentumsrecht ist er für verschiedene Kammern, Unternehmen, Verbände und Volkshochschulen tätig.
Im Verband der Immobilienverwalter Bayern ist er Stellvertretender Vorsitzender und Mitglied des Präsidiums im Dachverband Deutscher Immobilienverwalter. Hier ist sein Tätigkeitsschwerpunkt die Aus- und Fortbildung von Immobilienverwaltern. Die Verbindung von praktischen und theoretischen Tätigkeiten als Immobilienverwalter, als Dozent und Autor verschiedener Fachveröffentlichungen hat zu einer ständigen und vertiefenden Auseinandersetzung mit dem Wohnungseigentumsrecht geführt.

Steffen Haase

Haase & Partner GmbH

steffen.haase@immobilienverwaltung-online.de
www.haushaltsnahe-dienstleistungen.de

Der Grabener Verlag

... beschäftigt sich seit 1984 ausschließlich mit Themen rund um die Immobilienwirtschaft. Gewachsene Verbindungen zu Organisationen, Verbänden, Fortbildungseinrichtungen und Betrieben in der Immobilienwirtschaft sorgen für die nötige Praxisnähe. Der Grabener Verlag produziert Fachpublikationen, Bücher, Branchendienste und bietet Leistungen im Bereich der Pressearbeit an – wesentlicher Schwerpunkt des Verlages ist die Produktion von Haus- und Kundenpublikationen – Print und Online.
Das komplette Angebot finden Sie unter www.grabener-verlag.de

Immobilien-Fachwissen von A-Z
Das Lexikon mit umfassenden Antworten auf Fragen aus der Immobilienwirtschaft

Das Buch ist über den Buchhandel oder direkt beim Grabener Verlag, Kiel, zu beziehen:
ISBN: 978-3-925573-26-2 | Autoren: Sailer, Grabener |
8. Auflage 2007 | ca. 650 Seiten | 22 x 15,5 cm |
Hardcover gebunden | Preis: 42,00 Euro [D]

Immobilienwerbung und Wettbewerbsrecht
Rechtlicher Ratgeber für die Bewerbung von Immobilien: Was darf man in Immobilienanzeigen sagen, was nicht, wo sind die Grenzen?

Das Buch ist über den Buchhandel oder direkt beim Grabener Verlag, Kiel, zu beziehen | 8. komplett überarbeitete, ergänzte und umfassend erweiterte Auflage 2004 / 2005 | 128 Seiten | Broschur | 15,5 x 22 cm |
ISBN 3-925573-22-4 | Preis: 19,80 Euro [D]

Haushaltsnahe Dienst- und Handwerkerleistungen in der Praxis des Wohnungseigentums
Auswirkungen des § 35a EStG | Ein Ratgeber für Verwalter, Wohnungsgesellschaften und Wohnungseigentümer

NEU 2007 | Das Buch ist über den Buchhandel oder direkt beim Grabener Verlag, Kiel, zu beziehen |
Autor: Steffen Haase | 72 Seiten | 21 x 15 cm |
1. Auflage 2007 | ISBN 978-3-925573-25-5 |
Preis: 15 Euro [D]